荆楚理工学院2017年校级科研基金项目资助（项目编号YB201706）

模因论视阙下的应用翻译研究与实践

◎ 罗倩 著

汕頭大學出版社

图书在版编目（CIP）数据

模因论视阈下的应用翻译研究与实践 / 罗倩著 . --
汕头：汕头大学出版社，2018.5
　　ISBN 978-7-5658-3663-3

　　Ⅰ.①模… Ⅱ.①罗… Ⅲ.①翻译—研究 Ⅳ.
①H059

中国版本图书馆 CIP 数据核字（2018）第 129140 号

模因论视阈下的应用翻译研究与实践
MOYINLUN SHIQUEXIA DE YINGYONG FANYI YANJIU YU SHIJIAN

著　　者：罗　倩
责任编辑：邹　峰
责任技编：黄东生
封面设计：汤　丽
出版发行：汕头大学出版社
　　　　　广东省汕头市大学路 243 号汕头大学校园内　邮政编码：515063
电　　话：0754-82904613
印　　刷：北京市金星印务有限公司
开　　本：787mm×1092mm　1/16
印　　张：13.75
字　　数：201 千字
版　　次：2018 年 8 月第 1 版
印　　次：2018 年 8 月第 1 次印刷
定　　价：48.00 元
ISBN 978-7-5658-3663-3

序

由我校优秀青年教师罗倩撰写的《模因论视阈下的应用翻译研究与实践》即将问世。这是一本体系完备而又组织严密的著作。它涉及模因论与应用翻译的各个领域，既有理论，也有实例，用通俗易懂的语言娓娓道来，引人入胜。全书共有十章，覆盖面甚广。从应用翻译概述、模因论的提出和发展、模因论与应用翻译，到一些具体应用文体翻译都有所介绍和讨论。这是一本很值得向读者推荐的好书。

模因也好，语言翻译也好，都是早已存在的一种社会文化现象，并非因为有了这种说法才产生的。我们应把它们作为一种有待深化和提高的科学探究、一种观察问题的视野和角度。实例可不断收集，理论也非一次完成，而是随着科学技术的发展日趋完善。例如语言模因论源于道金斯于1976年发表的名著《自私的模因》。它来源于达尔文进化论及其自然选择的著名论述，所谓"物竞天择，适者生存"。模因论被广泛运用于心理学、社会学、哲学、语言学和翻译等领域。最早把模因引入翻译理论研究的当属芬兰著名翻译理论家切斯特曼。切斯特曼于1997年出版了《翻译模因论：

翻译理论中的思想传播》。该书借助模因，系统地分析了各个时期的翻译思想和理论，建立了翻译理论发展说——模因翻译论。本书从模因论的角度重新诠释应用翻译的本质，指导应用翻译的实践，特色鲜明、专业性强、覆盖面广，对于丰富翻译理论具有重要意义。同时对有志于投身翻译行业的英语学习者、翻译理论研究工作者、翻译专业的大学本科生和研究生以及对该领域感兴趣的社会读者有一定的参考价值。

荆楚理工学院外国语学院院长　朱必前教授

2017 年 12 月 5 日

前　言

　　随着经济和文化全球化程度的加深，各国之间的往来越发频繁，翻译在现代社会的重要性更为突出。值得注意的是，翻译已经由最初仅是文学翻译才可登大雅之堂，演变为今日应用翻译已占据翻译的半壁江山的局面。无论是商业往来还是学术交流、留学培训，都有大量的信息需要翻译，这些信息的流动使得应用翻译日趋重要。

　　模因论是近年来语言理论的一个新的突破，在国内是由何自然教授首先翻译和引进的。该理论将起源于生物学的"模因"概念应用于语言的产生、传播和流变机制研究。模因理论的价值不仅仅在语言学领域，它的研究思路亦可以更深更广地应用于翻译领域，为翻译研究提供了新的视角，具有非常巨大的潜在影响力。目前国内关于模因理论与应用翻译结合的研究还不多见。本书以模因论为指导，围绕模因论与应用翻译之间的关系，深入探讨了不同应用文本类型的翻译策略、翻译方法和翻译技巧。全书共十章，第一章到第三章为本书的理论探索部分，包括应用翻译概述、模因论概述、模因论与应用翻译，第四章至第十章为本书的实践部分，运用模因理论的基本原理分别对网络流行语翻译、茶叶商标翻译、中餐菜名翻译、电影片名翻译、电影字幕翻译、新闻翻译以及旅游翻译等应用翻译体裁做了较为系统的论述。有的侧重英译汉，有的侧重汉译英，有的两者兼顾。书后附有部分翻译的佳译实例供读者鉴赏，以弥补篇章上的不足，给读者一个整体概念。

一门科学好比一个多棱形的"真理的钻石"，每转一个方向就显出一种不同的色彩，映出一个多彩的侧面。要认识和了解它的全貌，需要经久的琢磨、不懈的求索。本书用了十章的篇幅，可以说只转动了若干个方向，却闪烁出它那特有的光辉，显示出模因论这门年轻学科生机勃勃的、旺盛的生命力。我们不企求，也无力企求能直接反映它的全貌，但求多侧面、多角度、多领域地探索，给它一个科学的描述和解释。本书是 2017 年湖北省教育厅教育科学规划课题（2017GB080）、荆楚理工学院科研项目（项目编号 YB201706）、荆楚理工学院教学研究项目（项目编号 JX-201635、JX-201729）阶段成果的集中展现，这可以说是把模因论与应用翻译理论研究与实践融合在一起的一种有益的尝试，对后续的相关研究具有巨大的参考价值。如果说本书着重研究了模因论与应用翻译的关系的话，那么下一步我们将进一步探索模因论在语言学、文学、文化学、教学和文学翻译等领域的理论与实践问题，使我们的研究范围更广一点，为模因论的发展继续跋涉攀登。

目　录

第一章　应用翻译概述……………………………………… 1

第一节　翻译的定义 ……………………………………… 1

第二节　应用翻译的定义 ………………………………… 4

第三节　应用翻译的特点 ………………………………… 5

　　一、目的性 ……………………………………………… 6

　　二、信息性 ……………………………………………… 6

　　三、劝导性 ……………………………………………… 7

　　四、匿名性 ……………………………………………… 7

　　五、时效性 ……………………………………………… 8

　　六、真实性 ……………………………………………… 8

　　七、专业性 ……………………………………………… 9

第四节　应用翻译的分类 ………………………………… 9

　　一、按功能分类 ……………………………………… 10

　　二、按内容分类 ……………………………………… 10

　　三、按文体分类 ……………………………………… 11

第五节　应用翻译研究的现状 …………………………… 12

本章小结 …………………………………………………… 15

第二章 模因论概述……………………………………… 16

第一节 模因论的形成与发展……………………………… 16
　　一、模因的界定 ………………………………………… 19
　　二、模因的特性 ………………………………………… 21
　　三、模因的传播过程 …………………………………… 24
　　四、模因的传播方式 …………………………………… 26

第二节 切斯特曼的模因翻译论…………………………… 29
　　一、切斯特曼的翻译规范论 …………………………… 30
　　二、五种超级翻译模因 ………………………………… 32
　　三、翻译模因演变的八个阶段 ………………………… 33
　　四、切斯特曼的翻译伦理 ……………………………… 36
　　五、切斯特曼的翻译伦理模式的局限性 ……………… 38

　本章小结 …………………………………………………… 39

第三章 模因论与应用翻译……………………………… 41

第一节 模因论在应用翻译中的适用分类………………… 43
　　一、词汇模因 …………………………………………… 43
　　二、句型模因 …………………………………………… 44
　　三、结构模因 …………………………………………… 45
　　四、信息模因 …………………………………………… 45

第二节 模因传播产生的应用翻译干扰…………………… 46

第三节 模因传播过程与应用翻译策略…………………… 48
　　一、归化策略的运用 …………………………………… 49
　　二、异化策略的运用 …………………………………… 50

第四节 模因的传播方式与应用翻译……………………… 52
　　一、模因基因型应用文体的翻译 ……………………… 52
　　二、模因表现型应用文体的翻译 ……………………… 54

第五节　从模因论看应用翻译的规范问题 …………………… 56

　　一、西方翻译规范的研究历程 ………………………… 56

　　二、强势模因与应用英语翻译规范 …………………… 58

　　三、构建应用翻译规范的注意事项 …………………… 59

本章小结 …………………………………………………… 60

第四章　网络流行语翻译 ………………………………… **62**

第一节　网络流行语的模因分类 ……………………………… 62

　　一、复合模因 …………………………………………… 63

　　二、共生模因 …………………………………………… 64

　　三、生造模因 …………………………………………… 65

第二节　模因论在网络流行语翻译中的应用 ………………… 65

　　一、客观因素 …………………………………………… 67

　　二、主观因素 …………………………………………… 68

　　三、模因本身因素 ……………………………………… 68

第三节　基于模因论的网络流行语英译方法 ………………… 69

　　一、同形传递——直译、音译 ………………………… 70

　　二、异形传递——意译 ………………………………… 71

　　三、同异形混合传递——混合译、注释译 …………… 71

本章小结 …………………………………………………… 72

第五章　茶叶商标翻译 …………………………………… **75**

第一节　中文茶叶商标的命名方式 …………………………… 75

　　一、根据茶叶产地命名 ………………………………… 76

　　二、根据茶叶品质和特征命名 ………………………… 76

　　三、根据茶叶采制特点命名 …………………………… 76

　　四、以人文知识命名 …………………………………… 77

　　五、综合几种特点的混合命名 ………………………… 77

第二节 模因论在茶叶商标英译中的应用……………………… 77

一、模因的定义和特性对茶叶商标英译的启示 ……… 77

二、模因的翻译过程对茶叶商标英译的启示 ……… 78

三、模因传播方式对茶叶商标英译的启示 ……… 79

第三节 基于模因论的茶叶商标英译规范……………… 82

一、根据国际惯例统一茶叶商标的翻译标准 ……… 83

二、强化品牌名称翻译优质模因的形成 …………… 84

本章小结……………………………………………………… 85

第六章 中餐菜名翻译……………………………………… **87**

第一节 中餐菜名的命名方式 ……………………… 87

一、写实型菜名的命名方式 ……………………… 88

二、写意型菜名的命名方式 ……………………… 89

第二节 模因论在中餐菜名翻译中的应用………………… 91

一、同化阶段 ……………………………………… 92

二、记忆阶段 ……………………………………… 92

三、表达阶段 ……………………………………… 93

四、传播阶段 ……………………………………… 93

第三节 基于模因论的中餐菜名英译方法………………… 93

一、模因的同型同义传播——直译和音译 ………… 94

二、模因的异型同义传播——意译和混合译 ……… 96

第四节 基于模因论的中餐菜名英译策略……………… 100

一、模因论和模因翻译论综述 …………………… 100

二、中国菜名的模因特点及分类 ………………… 101

三、基于模因论的中餐菜名英译策略及运用 ……… 102

本章小结…………………………………………………… 106

第七章　电影片名翻译…………………………………………… 108

　第一节　电影片名的模因特点 ………………………………… 108

　　一、基因型模因 ………………………………………………… 109

　　二、表现型模因 ………………………………………………… 111

　第二节　基于模因论的电影片名汉译方法 …………………… 112

　　一、模因基因型片名的汉译方法 ……………………………… 113

　　二、模因表现型片名的汉译方法 ……………………………… 114

　第三节　基于模因论的电影片名英译方法 …………………… 117

　　一、模因音译法 ………………………………………………… 117

　　二、模因直译法 ………………………………………………… 118

　　三、模因增减译法 ……………………………………………… 118

　　四、固定模因套用法 …………………………………………… 119

　本章小结 ………………………………………………………… 120

第八章　电影字幕翻译…………………………………………… 122

　第一节　电影字幕翻译的基本概念 …………………………… 123

　　一、电影字幕翻译的定义 ……………………………………… 123

　　二、电影字幕语言的模因特点 ………………………………… 123

　　三、电影字幕翻译的误区 ……………………………………… 126

　第二节　基于模因论的电影字幕汉译方法 …………………… 128

　　一、模因基因型 ………………………………………………… 128

　　二、模因表现型 ………………………………………………… 129

　第三节　基于模因论的电影字幕英译方法 …………………… 131

　　一、音译模因 …………………………………………………… 132

　　二、直译模因 …………………………………………………… 133

　　三、变体模因 …………………………………………………… 133

　本章小结 ………………………………………………………… 135

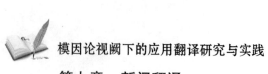

第九章 新闻翻译 ·· 137

第一节 新闻标题的语言特点 ······································ 138

一、词汇特点 ··· 138

二、语法特点 ··· 140

三、修辞手段 ··· 141

四、巧用习语和典故 ·· 141

五、套用小说、电影名或其中的人物形象 ·············· 142

第二节 新闻标题的模因分类 ······································ 142

一、基因型新闻语言模因 ·· 143

二、表现型新闻语言模因 ·· 144

第三节 基于模因论的新闻标题翻译策略 ····················· 146

一、重复策略 ··· 147

二、类推策略 ··· 147

第四节 基于模因论的中国时政新闻的英译策略 ············ 150

一、中国时政新闻的语言特征 ·································· 150

二、模因论的主要理论概述 ····································· 151

三、模因论视角下中国时政新闻的英译策略 ·············· 152

本章小结 ··· 155

第十章 旅游翻译 ·· 157

第一节 基于模因论的旅游景点名称翻译 ····················· 157

一、旅游景点名称的特点 ·· 158

二、旅游景点名称翻译存在的问题 ···························· 159

三、基于模因论的旅游景点名称翻译方法 ·················· 162

第二节 基于模因论的旅游标识语翻译 ························· 166

一、旅游标识语的功能 ··· 166

二、旅游标识语翻译存在的问题 ······························ 167

三、基于模因论的旅游标识语翻译 …………………… 169

第三节　基于模因论的旅游文本翻译 ………………… 171

一、英语旅游文本的语言特点 …………………… 172

二、基于模因论的旅游文本翻译 ………………… 174

本章小结 ……………………………………………… 178

附录一　网络流行语英译选 …………………… 181

附录二　中文菜单英译选 ………………………… 185

附录三　"十九大"热词英译选 ……………………… 189

附录四　著名景点名称英译汉译选 ………………… 197

附录五　公示语英译选 ……………………………… 201

第一章 应用翻译概述

　　我国加入世界贸易组织后，除了政治和外交方面，在对外贸易、制造业和服务业方面的交往都史无前例地有了增加。各类应用文体的翻译如协议、合同、商业书信等的经贸材料和工程说明书、使用说明书，产品宣传材料、工作手册咨询调查报告、财务计划、物流调度计划等各种行业技术资料的翻译都有较大需求量。但是，由于目前从事翻译工作的人员混杂，应用文体的翻译存在不少问题，急需通过翻译理论加以指导和规范。

第一节 翻译的定义

　　在人类文化交流的历史长河中，翻译始终是最古老也是最必不可少的一项活动。《圣经·旧约·创世记》第11章记载，当时人类联合起来希望兴建能通往天堂的巴别塔。为了阻止人类的计划，上帝让人类说不同的语言，使人类相互之间不能沟通，计划因此失败，人类自此各散东西。此故事被认为是翻译活动的起源，也从一个侧面反映了在不同语言群体的交往过程中，翻译活动起到的化解语言障碍、促进交流沟通的作用。翻译活动是一项综合性的跨文化交流活动，而翻译研究则是一门跨学科的研究，涉及语言学、文学、人类学、传播学、符号学等学科。翻译可以有不同的分类。从翻译所使用的媒介来说，可以分为口译或笔译，现在还有机器翻译。

从翻译题材来说，有一般性翻译和专业性翻译，后者如法律翻译、商务翻译、文学翻译等等。

纵观翻译史，翻译活动对中外文化交流做出了自己的贡献。在西方，从早期的圣经翻译到绵延千年、经久不衰的文学翻译，再到近现代大规模的科技、社科翻译，人们逐渐认识到翻译活动对于人类生产及生活的重要性。在中国，早在《礼记》中已有关于翻译的记载。《周礼》中的"象胥"，就是四方译官之总称。《礼记·王制》提到"五方之民，言语不通"，为了"达其志，通其欲"，各方都有专人从事语言交流。后来，佛经译者在"译"字前加"翻"，成为"翻译"一词，一直流传到今天。文学翻译给中国带来了新的观念，参与了中国文学的建构。大量的社科、科技、商务等翻译活动服务于经济建设、社会变革、技术创新。翻译带来的不仅是观念的变革与更新，更为我国的技术引进、经济发展提供了有力的保障，为中国与国际接轨作出了贡献。

翻译是非常复杂的语言活动，现在人类对于其在大脑中的认知仍然极其有限。翻译实践者和翻译研究者们从不同的视角对翻译进行界定，涉及语言层面、文学层面、交际层面、文化层面等。可见，翻译的复杂性在于融合了各个层面、各个学科的知识和文本的转换。现列举中、外译者对翻译的定义，以展现翻译涉及的层次性和复杂性。

① To translate is to change into another language, retaining as much of the sense as one can. (Sammel Johnson)

② Translating is rendering the meaning of a text into another language in the way the author intended in the text. （Peter Newmark）

③ Translating consists in reproducing in the receptor language the closest natural equivalent of the source language message, first in terms of meaning, and secondly in terms of style. (Eugene A. Nida)

④ A written or spoken rendering of the meaning of a word, speech, book, or other texts, in another language. （《新牛津英语词典》，2004）

⑤ 翻译就是把一种语言文字的意义用另一种语言文字表达出来，这样

的两种语言的转换不仅指行为或活动，还指这种行为的过程和结果。（方梦之）

⑥翻译（包括口译、笔译、同声传译与机译）是有文本参照的跨文化、跨语言的人类有目的的社会交际行为，其研究对象与过程因译者意愿与社会需求的不同而不同。（杨自俭）

⑦ 运用一种语言把另一种语言所表达的思维内容准确而完整地重新表达出来的语言活动。（张培基等）

⑧ 翻译是一种跨文化的信息交流与交换活动，其本质是传播，是传播学中一个有特殊性质的领域。（吕俊）

⑨ 翻译是两个语言社会之间的交际过程和交际工具，它的目的是要促进本语言社会的政治、经济和文化进步，它的任务是要把原作中包含的现实世界的逻辑映像或艺术映像，完好无损地从一种语言译注到另一种语言中去。（张今）

⑩ 翻译是以符号转换为手段，意义再生为任务的一项跨文化的交际活动。（许钧）

通过上述定义，可以看出、在不同的历史时期以及不同的国家，众多中外翻译家和翻译理论家从不同的视角来观察翻译，发表过各种各样的见解或做出过见仁见智的论述。通过长时间、大量的翻译研究与实践，大多数翻译工作者和翻译理论研究人员对翻译的定义基本上达成了这样一个共识，即翻译不仅仅是一种不同语言之间的交际活动，也是一种跨文化、跨语言和跨时空的交际活动或交际行为，其任务就是将一种语言所表达的意义用另一种语言传达出来，以实现不同语言种族和社会之间沟通思想感情、传播文化知识、促进文明发展，和推动目的语国家或社会的政治、经济和文化进步的目的。

第二节　应用翻译的定义

应用英语是相对传统文学英语而言的，在日常生活中以应用为主。应用翻译在英语中一般称为 practical translation、applied translation 或 pragmatic translation。目前，翻译界探讨较多的仍然是文学翻译。但不可否认的是，应用翻译所占的比重远远超过了文学翻译。因此应用翻译在翻译研究中的地位日益凸显，已成为翻译领域的一项重要分支。但过往的研究似乎没有明确地表述它的定义，而这个问题对应用翻译理论研究的进一步发展至关重要。对于应用翻译的界定，学者提出了不同的观点。

法国翻译理论家德利尔（Jean Delisle）在 *Translation: An Interpretative Approach*（《翻译的阐述》）一书中用应用翻译这一术语跟文学翻译相区别，其对应用翻译的定义是：运用语用学知识对应用文本所进行的以传达信息为根本目的的翻译。Casagrande 认为应用翻译的目的是"尽可能有效地、准确地翻译信息"，关注的重点是"信息内容本身，而非信息的美学形式、语法形式或文化语境"（转引自 Shuttleworth & Cowie，1997：129）。Casagrande 把科技论文、政府文件、商品说明书等的翻译列为应用翻译。纽马克把科技翻译称为专门翻译（specialized translation），而把涉及政治、商业、金融、政府等领域的文本翻译称为公文翻译（institutional translation）（Newmark，2001：151）。此外，他还列出公共宣传（publicity）文本的翻译。德国功能目的论的创始人赖斯（Katharine Reiss）则把文本分为三类：信息型文本（informative text）——主要功能是告诉读者真实世界的事实和现象；感染型文本（operative text）——以使读者产生言外反应为目的；表情型文本（expressive text）——主要对读者产生美学影响（Nord，2001：37-38）。

在中国，应用翻译这一术语，是在 2003 年全国第一届应用翻译研讨会上正式提出的。目前，国内学者对于应用翻译（pragmatic translation）的范围和定位仍有不同的看法。例如，林戊荪先生认为，应用翻译包括"科技、经贸、法律、媒体、旅游、广告等区别于文学、政治、外交、社科等的翻译"（林戊荪，2003）。林克难先生没有明确说明应用翻译包括哪些种类，只是指出"应用英语是一种目的性很强的翻译品种"（林克难，2003）。不过，他认为应用翻译是与文学翻译相对的。林本椿认为应用翻译就是"实用翻译"。李长栓认为是"非文学翻译"。应用翻译可定位为文学翻译及纯理论文本之外的其他文本翻译（方梦之，2003）。除了文学翻译外，应用翻译还需要排除科技和法律翻译，应包括除文学文本之外所有以信息传达为主的文本翻译（韩之满，2005）。根据黄忠廉等的界定，应用翻译是常在生活和生产领域进行的翻译，包括经贸、军事、外事、科学、技术、工程、会议等领域的翻译活动。因此，应用翻译是"涉及对外宣传、社会生活、生产领域、经营活动等方面，但不包括文学及纯理论文本"的翻译活动。

总体而言，应用翻译可有广义与狭义之分。广义的应用翻译是指除文学翻译以外一切能直接服务于经济、社会、文化建设的所有翻译活动，甚至可直接理解为非文学翻译（non-literary translation）。《中国译学大辞典》对此有详细论述："应用翻译"亦称"实用翻译"，以传达信息为目的（同时考虑信息的传递效果），它特别区别于传达较强情感意义和美学意义的文学翻译。而狭义的应用翻译则还需排除科技和法律等需要特别专业知识的文本翻译。本书采用广义的应用翻译概念，认为应用翻译包括文学及纯理论文本以外的人们日常接触和实际应用的各类文字翻译，涉及对外宣传、社会生活、生产领域、经营活动等方面，包括新闻翻译、科技翻译、法律翻译、经贸翻译、广告翻译、旅游翻译、金融翻译、合同翻译等类型。

第三节 应用翻译的特点

应用翻译的文本特征对翻译策略的选择有着重要的影响。因此、需要对应用文本的特征进行总结，以指导应用翻译实践。方梦之先生通过总结前人的论述，认为应用翻译具有信息性、劝导性、匿名性等特点。贾文波从莱斯（K. Reiss）的"非小说类纪实文本"的语言特征出发，认为客观精准、信息明确、语言合适应该是实用文本翻译最显著的特征。由于应用文本的跨度较大，在语言特征、文本类型等方面会存在一定的差异。整体而言，应用翻译所涉及到的文本以信息型为主，传递真实世界的客观信息和现象，同时注重信息传递的效果。应用翻译的任务在于既需要准确传递信息，同时也要实现文本在译语环境中的功能。总结前人的论述，我们认为应用翻译具有如下特点。

一、目的性

应用文体翻译都有现实的，甚至功利的目的，要求译文达到预期的功能。目的和功能是应用文体翻译的依据。翻译的功能论认为，原文和译文是两种独立的、具有不同价值的文本，各有不同的目的和功能，作者通过源语文本提供信息，译者则将源语的语言和文化信息有条件地传递给目的语的接受者。至于译者对源语文本信息的选择、翻译策略的运用以及译文的表现形式，则取决于翻译委托人和译本接受者的需要和愿望。应用文体包罗广泛，在不同的语域具有不同的特点。应用翻译的目的性还要求译者改变翻译只能全译的观念，根据翻译的目的和具体要求，采用改译、编译等翻译技巧。

二、信息性

信息性是指突出传递真实世界的客观信息和现象，注重内容的客观性、准确性与可接受性。语篇中有的信息对源语读者来说很重要，而对目的语读者来说却不然；有的信息对源语读者来说用处不大，而对目的语读者来说非常有用。要维持语篇信息性的合理程度，在翻译过程中对信息作陈述，不仅要考虑语言本身，还要考虑专业因素及语言产生的种种变数。要根据目的语读者的阅读经验和期待视野对语篇中的信息进行适当调节、取舍，使之适合于目的语读者的需求。考虑到译文目的和读者的需要和接受能力，译者提供的信息有时有增减，译者可作适当调整或补偿，使译文的信息合理、合适。

三、劝导性

应用翻译的劝导性是指此类文本大多带有公共宣传品的性质（如对外宣传、广告等），在功能上突出译文效果和读者反应，注重译文的可读性与读者的接受和理解，表现在译文内容对读者的启示和引导，劝导人们做什么或不做什么，意在唤起读者去体验、去行动。应用文本的劝导性既可以由文本自身的功能决定，也可以由翻译委托人（commissioner）决定。例如，产品说明书是以信息功能为主的文本，翻译委托人可以要求译文增强诱导功能，以便促进产品销售。新闻报道劝导人们相信什么或不相信什么，说明书指导人们该做什么或不该做什么，广告诱导人们购物，旅游指南吸引人们参观景点，科普读物劝导人们辨别真伪，就连有的科技论文也带有劝导性。应用翻译的劝导性要求译者把握好译文的文本功能，使原文的文本功能在译文中得以实现，或者改变原文的文本功能，以达到翻译委托人的要求。

四、匿名性

应用文本的匿名性是指这类文本大都缺少个性，作者的身份往往处于匿名状态，作者的个人风格无从体现，译者在翻译的过程中也不能过多地发挥自己的个性和创造性。这有两方面的原因，一是应用文本与文学文本不同，焦点不在于作者的主观感想，而在于客观事实。应用文本翻译一般应业务交往或工作之需，仅在有限的范围内交流，译者对委托人负责，而且委托人可能就是读者本人，没有必要署名。对于公开出版物，大多数情况下读者没有必要知道所译文本是谁写的。例如读者在阅读通告、产品说明书、旅游指南、商务合同这类文本时，一般都不会在意作者是谁，只会关注文本表达的内容。二是在原文与译文的关系上，原文的作用只是提供信息，有的文本，特别是部分技术文本和商务文本具有刻板的格式和固有的行文规范，语句的复现率大，遵循大致相同的程序（原文与译文文本的互文性强），译者无需署名。但是，匿名并非推脱责任。如果译文有严重的质量问题，委托人一般可向受托人（如翻译公司）追究责任。

五、时效性

时效性不仅指委托人对译文的时间要求，也指文本随着时间的推移，译文由于时间的变化需要更新，以适合时代发展的需要。应用翻译的主要功能是传递信息。信息在一定的时空中产生效益。无论新闻、产品推介、可行性报告、招标书或是广告、商务协议、技术报告等都有一定的时效性。超过时间，就意味着失效。译本的时效性经常被转化为"翻译时限"。翻译时限指委托人对译者完成译文的时间要求。翻译时限是翻译服务质量要求的重要指标之一，也是翻译报价的依据之一。当今世界已进入网络时代，信息量越来越大，信息传递的速度越来越快。与之相适应的是翻译量与日俱增，翻译速度成倍增长，翻译的无纸化程度急速提高。译者要利用网络与委托人沟通，通过网络了解委托人的翻译要求，接收原文，传递译文。电子化和网络化是保证翻译时效性的工具，译者必须努力掌握。

六、真实性

应用翻译讲究"客观真实"而不是"艺术创造"，注重表达"言之有物"而不是"华而不实"，行文用字提倡"准确地道"和"通俗达意"，遵循的是一种读者"喜闻乐见"而又能"雅俗共赏"的审美标准。它不像文学作品那样给人以艺术上的鉴赏其至情感上的陶冶和升华，不追求那种对文学形象的审美体验和共鸣。它偏重实用性和交际目的，功能上就像商品广告，带有十足的功利性色彩，目的就是要吸引读者，最大限度地达到推销商品的预期效果。此外，从审美价值来看，应用翻译注重客观真实，而不是艺术创造。文学译者力争达到忠实和美这一理想，从而寻求新的表达形式。而应用文本的翻译重要的是表达清晰、恰当，并符合语法和惯用法的要求，同时精确而有效地传递信息。

七、专业性

专业性强是应用翻译不同于文学翻译的又一特点。从语言和文体特点看，应用翻译涉及专门用途英语（English for Specific Purpose，即 ESP），专业性和规范性很强，例如法律、科技文本的翻译。因此，译者不仅要掌握相关文本的语言和文体特征，而且要熟悉所翻译的专业领域知识。

目的性、信息性、劝导性、匿名性、时效性、真实性、专业性是应用翻译通常具有的共性。除此之外，不同类型的语篇翻译还有其特殊性，例如，广告语篇或企业推介有功利性，新闻报道有暂时性，公共告示、政府文件有说教性等等。

第四节　应用翻译的分类

应用文本以传递信息为主要目的，注重信息传递效果，应用翻译的服务面广，其范围涵盖当今政治、经济、社会、文化生活的各个领域。就内容来看，几乎囊括了除文学翻译以外的所有作品，包括人们日常接触和实际应用的各类文字，涉及对外宣传、社会生活、生产领域、经营活动等方方面面，但不包括文学作品及主要以人工语言表意的纯理论文本。而就文本体裁而言，包括政府文件、告示、科技论文、新闻报道、法律文书、商贸信函、商务条约、产品说明书、使用手册、广告、技术文本、科普读物、旅游指南等各类文本。在应用翻译中，译者的专业化常以科目内容和文本类型为条件，不同文本要求译者有不同的专业背景，例如法律文本法理严谨、文字正式，没有一定法律知识的译者不易上手；医学文本也属专业文本，不懂医学者也不得要领。具体来说，应用翻译文本原（文）本主要由专家、编辑、记者写给外行看，也有的用以同行专家与专家之间进行交流。各国专家对应用翻译的分类并不一致，但有基本共识：文本类型是译者选择翻译策略的依据，不同类型的原文需要采用不同的翻译策略。了解原文本的文体特征，便于知晓其与译文文本类型的异同，有利于译者在翻译时借鉴。

一、按功能分类

纽马克按不同功能把文章大致分为三类。一是以表达功能（expressive function）为主的文章，如严肃文学、权威言论、自传、散文、私信等。表达型文章的核心是说话者或作者的文本地位是神圣的。作者的个性化成分构成文本的表达要素，因而也成了翻译的着力点。二是以信息功能（informative function）为主的文本，如教科书、技术报告、报刊文章、学术论文、会议纪要等。信息型文本的核心是关于某个主题的事实，是语言之外的现实世界，因而信息和客观事实是翻译的着力点。三是以呼唤功能（vocative function）为主的文章，如通知、广告、企业推介、宣传文字等。这类文章的着力点在于号召读者"去行动、去思考、去感受"。纽马克指出，很少有文章是只有一种功能的，大部分文章以一种功能为主，兼有其他两种功能。纽马克从功能出发为文章分类，为译者针对不同类型的原文采用不同的翻译策略和不同的翻译方法提供了依据。纽马克的分类理论中，第一类以表达功能为主，这不完全适合于应用翻译。在应用翻译中，除了广告和旅游宣传文字有一定的表达功能之外，其他类别的文本多以信息功能为主。

二、按内容分类

专门用途英语（ESP）包括科技英语（English for Science and Technology）、商业经济英语（English for Business and Economics）和社会科学英语（English for Social Studies）三大类。它们又可分为学术英语（English for Academic Purposes）——指用以完成学业或进行学术研究、学术交流所使用的英语；职业英语（English for Occupational Purposes）——指从事某一工作所使用的英语。学术英语和职业英语并无严格区别，如科技英语中的医学英语与护理英语，前者学术性强，文体正式程度高，更严谨；后者多从职业上考虑，实用性更强。

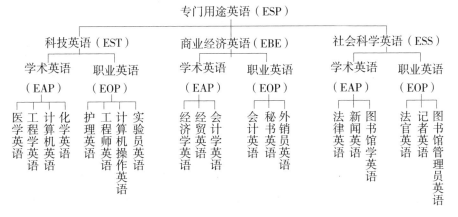

图1 专门用途英语的分类

根据上图对英语文本的分类，应用翻译相应地可以分为法律翻译、经贸翻译、科技翻译、医学翻译等。不过，体中有体，类中有类，医学翻译又分医学和护理两种，实际上还可细分为：医学学术翻译、大众医学翻译、医患翻译、医疗技术翻译等。科技文本也可根据不同内容分为法律文本（专利、标准、契约）翻译、学术翻译、科普翻译等。在应用翻译译者中，搞科技翻译的大多对医学翻译茫然，搞天文翻译的未必熟悉地质翻译，搞建筑工程翻译的可能对化工翻译陌生。翻译的类别不同，除了内容的差异外，翻译目的、要求和形式也不同。社会生活丰富多彩，社会分工多种多样，服务于社会实际需要的应用文本形式各不相同。商务翻译涉及贸易、管理、金融、营销、广告、旅游、法律、新闻、科技等领域；科技翻译又包含贸易、管理、新闻、法律等方面，而新闻几乎无所不包。各类翻译虽然各有其基本属性和特征，但却互有交叉，互有包含。

三、按文体分类

根据文本类型学的相关理论，应用翻译主要属于赖斯的信息型文本（informative texts）和感染型文本（operative texts），或纽马克的信息型文本（informative texts）和呼唤型文本（vocative texts）。例如：经贸、法律、金融、合同、科技、新闻等文本翻译主要属于信息型文本翻译，此类文本以传递信息和内容为主，旨在向读者呈现客观世界的物象和事实；而广告、旅游等外宣文本翻译主要属于感染型或呼唤型文本翻译，旨在感染或说服读者并使其采取某种行动。文学翻译则侧重于表情型或表达型文本（expressive texts），主要表达作者对人和物的情感态度，并注重语言形式和美学功效。从文本类型看，应用文本类型多样，文体跨度很大，它一头可以与文学文体相连接（如广告与旅游风景的介绍和描写），有很强的互文性；另一头接近严谨的法律体（如商业合同和技术专利）。它几乎囊括了除文学翻译以外的所有作品，包括人们日常接触和实际应用的各类文字，涉及对外宣传、社会生活、生产领域、经营活动等方方面面，其文本体裁包括政府文件、告示、科技论文、新闻报道、法律文书、商贸信函、产品说明书、使用手册、广告、技术文本、科普读物、旅游指南等各类文本，甚至还包括各种通俗读物。

第五节　应用翻译研究的现状

在全世界从事翻译的专业人士中，绝大多数是从事应用翻译工作的。西方著名翻译理论家威尔斯（Wilss）指出："要说当今有多少人从事翻译，搞文学翻译的人少得再也不能少了，翻译人员大多在交际领域的各个层面。"威尔斯这里提到的交际领域即指应用翻译的领域。"根据奈达的说法，文学翻译在全部翻译中所占的比例不超过5%，而纽马克推测，诗歌的翻译仅占全部翻译的0.5%，根据 Scarpa 的估计，文学翻译仅占世界翻译总量的1%"（李长栓，2004）。1999 年的国际译联第十五届大会就得出一个结论，即"世界翻译市场发生了重大变化，翻译工作与信息收集结合，它的范围扩大了，科技翻译、经贸与法律翻译占越来越大的比重"。

准确地说，我国较成规模的应用翻译研究应该起始于 2003 年。2003年 9 月第一届专题研讨会在上海举办，主题是"应用文体翻译及应用文体翻译理论研究"。论题涉及应用翻译的理论和原则、范畴和体系、应用翻译的策略和方法、教学和教材，以及许多具体的译法，涵盖了翻译教学、政论、广告、商标、科技、新闻、商贸、旅游、法律、警务、军事、外事、财经、针灸、WTO 文书、商务谈判、辞典翻译、机器翻译以及翻译市场等各个领域。对此，方梦之教授在 2004 年全国第二次应用翻译研讨会上曾这样阐述："在全国范围而言，应用翻译的专门研究始于 2003 年 10 月在上海大学召开的全国应用翻译研讨会。这次会议是一个里程碑，标志着对应用翻译开始了深入研究。"（贾文波，2004）

改革开放以来，应用翻译的研究范畴不断扩大，科技翻译率先得到快速发展，然后是与经济发展紧密相关的商务翻译、旅游翻译、新闻翻译、广告翻译等。而后，法律翻译、公示语翻译、外宣翻译研究也成为热点，特别是发端于北京奥运会和上海世博会的公示语翻译研究。人们普遍的感受是文学翻译所占的比重在下降，科技、经贸等应用翻译在翻译总量中所占的比重越来越大，已成为翻译实践的主流。此后，国内应用翻译理论研究有了长足的进展，打破了文学翻译理论研究一统天下的局面。过去一谈翻译理论就是针对文学，文学翻译理论一统天下。应用翻译似乎只有应用，没有理论。这种情况在近三年来有较大改观。这期间出版的许多应用翻译方面的论著可以说明这个问题，例如，郭建中的《科普与科幻翻译》、李长栓的《非文学翻译理论与实践》、贾文波的《应用翻译功能论》、陈刚的《旅游翻译与涉外导游》、翁凤翔的《国际商务英语翻译教程》等都结合各自的主题，有专章的理论探讨，而李亚舒、黄忠廉的《科学翻译学》更是宏观的理论探讨。此外，许多论文通过理论分析，特别是利用功能翻译理论，结合我国的翻译实践作了大量阐述。应用翻译理论既从语言学派那里得到支持，特别是功能语言学和语用学，也从文化学派那里得到支持，特别是关于文化语境、翻译的主体性问题。

随着对外经济交流的发展和深入，商务翻译、法律翻译、旅游翻译需求迅速增加，一时间应用翻译成了"香饽饽"。各高校的商务、经贸、法律以及旅游外语专业火爆起来。上海外国语大学、暨南大学、广东外语外贸大学、温州大学等 15 所院校率先成立了专业翻译硕士点，2008 年增加了 25 所高校，

2010 年又增加了 118 所高校,专门培养应用型的翻译人才。现在多数高校外语院系都开设"应用翻译"或应用翻译的分支课程。有的学校在"外国语言学和应用语言学"的硕士点之下招收"应用翻译理论""经贸翻译理论与实践""法律翻译理论与实践"方向的研究生。教师既是应用翻译的研究者,也是其研究成果的传播者,形成了研究和教学相结合、研究和教学相补充的良性循环。特别在 2011 年第四届"全国应用翻译研讨会"(上海)期间,受国防工业出版社的邀请和委托,由黑龙江大学翻译科学研究院黄忠廉教授、《上海翻译》编辑部方梦之教授、《中国科技翻译》编辑部李亚舒教授和西安外国语大学高级翻译学院共同组织,成立了由应用翻译研究学者组成的《应用翻译理论与教学文库》专家委员会,聚集了国内一大批知名学者。文库包括三个分库:学术专著分库(意在加强应用翻译学的学科建设及其各分支学科的理论研究)、教材分库(突出实践与市场,如全译实践教程、变译实践教程、口译实践教程、网络翻译教程、应用翻译基本理论教程等)和技能与工具书分库(如公示语、产品说明书、旅游景点、商务合同、中外广告、专业术语等),是对我国应用翻译的研究、实践与教学的一次全方位的系统梳理和规范,这一重大举措势必会掀起我国应用翻译研究的又一个高潮。

但是,"现有的翻译理论与实践研究大多遵循'实践—现象—问题—性质—特点—归纳—概括'式的研究路向,即基于对有限翻译实践问题的经验总结,提出对策性原则,形成概念或命题化表征。其不足之处在于抽象孤立的概念或命题难以对具体复杂的应用翻译实践给予有理有据的阐释,尤其是对翻译教学缺乏可描写和可证性的方法论指导。应用翻译学强调的是宏微观相统一的系统性研究,需要建立核心理论范畴以及一系列与之相适应的开放式经验模块与理论模块,这样才能为理论与实践的连接找到中介物——技术理论范畴"(曾利沙,2001)。因而,曾利沙提出了"翻译研究的经验模块与理论模块的建构"这一理论范畴,强调:"经验与理论模块的建构反映出'以类度类'和'以道观之'(《荀子·非相》)的认识论,随着实践的深化不断修正和完善自身,具有开放性,是应用翻译理论与实践研究中一个值得重视的范式"(曾利沙,2011)。

本章小结

　　通过上述讨论，可以发现，应用翻译所涉及的范围广，跨度大，类型多样，不易把握。但是，应用翻译是我国当前市场上最为重要且数量最多的翻译类型。根据 Dollerup 的研究，市场上约 99% 的翻译文本为应用翻译，涉及各行各业，从科技、商务、外宣文本到新闻报道再到法律文件，无所不包。在翻译机构中，译者的专业化常以内容和文本类型进行划分，要求译者具有相关专业背景和该类型文本的翻译经验，确保翻译的准确性和译文的可接受性。因此，何刚强认为：可以毫不夸张地说，应用翻译是人类目前翻译工作或翻译任务的主体（The bulk of translation），是翻译工作者的主战场。应用翻译的发展对我国国民经济的持续健康发展，对改革开放向纵深领域的推进，对华夏文化的走向与融合具有重要意义。

本章主要参考文献：

　　［1］方梦之 . 中国译学大辞典［M］. 上海：上海外语教育出版社，2011.

　　［2］方梦之 . 应用翻译研究：原理、策略与技巧［M］. 上海：上海外语教育出版社，2013.

　　［3］方梦之 . 应用翻译教程［M］. 上海：上海外语教育出版社，2015.

　　［4］贾一村，单宇鑫，贾文波 . 应用翻译简明教程［M］. 长沙：中南大学出版社，2015.

　　［5］蓝建青，徐江 . 应用商务翻译教程［M］. 北京：国防工业出版社，2014.

　　［6］刘小云 . 应用翻译研究［M］. 成都：电子科技大学出版社，2009.

　　［7］张全，黄琼英 . 简明应用翻译教程［M］. 昆明：云南大学出版社，2010.

　　［8］张沉香 . 功能目的理论与应用翻译研究［M］. 长沙：湖南师范大学出版社，2008.

　　［9］叶苗 . 应用翻译语用观研究［M］. 上海：上海交通大学出版社，2009.

第二章 模因论概述

第一节 模因论的形成与发展

　　奥地利人孟德尔经过八年的不懈努力，提出了遗传单位是遗传因子（现代遗传学称为基因）的论点，为遗传学奠定了基础。基因（gene）作为个体生命特征的最小载体，它的作用是使这些特征代代相传，生生不息。受基因这个词的启发，牛津大学教授、社会生物学家理查德·道金斯（Richard Dawkins）在其 1976 年所著的 *The Selfish Gene*（《自私的基因》）中创造了模因（Meme）这个词，将它作为文化信息传播单位的指称。模因是个人学习或模仿他人的思想或行为。它是一个文化转换单位、模仿单位或文化基因。生物基因是通过遗传而繁衍的，而文化模因却通过模仿而传播。像病毒传染一样，人的思想行为也在社会文化领域传播，而这种依赖文化传播的思想或观念，有时候比基因演进的威力和影响更大。人类身体通过基因复制而延续下来，而人的思想却通过语言和模仿在一种文化内传播。该书使得人们意识到生物学理论可移植到社会科学的世界。1999 年，苏珊·布莱克摩尔所著的 The Meme Machine（《模因机器》）一书出版。该书在很大程度上充实和完善了道金斯的观点，初步确立了模因论的理论框架。她将模因的概念泛化，任何信息（包括思想、言语、行为等），只要通过模仿而得到传递，都可以看作是一个模因。她认为人类语言甚至大脑的发展都是由于模因的驱动。她指出当某种思想或某种信息模式出现，在它引导别人去复制它或别人复制传播它之前，它还不算是模因。同样，人类也是模因赖以生存的载体（但不是唯一的载体），是最便捷、最有效的模因传播机器。苏珊·布莱克摩尔没有把注意力集中在模因作为思想形式的描述上，而是把重点转向这一理论的实际操作上。比利时控制论学者海利根（F. Heylighen）认为文化进化可以被视作类似生物进化，通过变异和选择基本原则而实现。他认为模因为了被复制，必须按照以下步骤传递：① 同化（assimilation），个人成为模因的宿主（host）；② 记忆（retention）；③ 表达（expression）；④ 传播（transmission）。创造出来的信息或模因载体传递给一人或多人。第一步与最后一步密切联系，最终形成一个环路。每一步都存在选择，某些模因的意义会消失。

随着研究者深入对模因系统的研究，逐渐形成了一门系统科学的理论——模因论（Memetics）。模因论（Memetics）是基于达尔文进化论的观点解释文化进化规律的一种新理论。它从历时和共时的视角对事物之间的普遍联系以及文化具有传承性这种本质特征的进化规律进行诠释。随后，不同学科领域的学者们运用模因论对本学科的问题进行了研究。在已有的相关研究成果中，模因论被运用于心理学、社会学、哲学、语言学和翻译等领域。德里克·盖德勒（1998，2001）从传播学角度审视模因理论，将模因看作一种可视的文化现象。特伦斯·迪肯（1999）将模因视为一种符号，探讨符号学与模因理论相结合的可能性。著名语用学家莱文森（Levinson，2003）在其新著《语言与认知中的空间：认知多样性探索》最后一章第一节特别谈到了模因与心智之间的关系问题。保罗·奇尔顿（2005）则对具体语篇的隐喻表达进行语言和认知层面的分析，认为思想观念的传播问题可以从模因的角度进行解释，基于语言层面与认知层面对具体的语篇及语篇中的隐喻表达进行分析，并提出其观点：可从模因理论角度对思想观念的传播问题进行审视。Gatherer 运用模因论分析和解决社会问题。关联理论创始人之一斯波伯（Sperber）对道金斯的文化进化观提出质疑，认为文化并非由模因复制。世界著名出版公司剑桥大学出版社出版了凯特·狄思婷（Distin，2005）在其博士论文基础上修改而成的专著《自私的模因》。狄思婷的论述让我们看到，既然语言是人类文化生活中最重要的因素之一，模因论能够也应该对语言起源和语言使用问题作出新的解释。汉斯·维梅尔分析了模因与翻译的关系。约翰逊（Johansson，2005：29）指出，虽然模因论存在一些不足和缺陷，但它有助于我们进一步理解文化、思想。如今国外已有模因研究中心，出现了有关模因和模因论研究的专著，专门研究模因论的网上学术期刊 Journal of Memetics 于 1997 年问世，创建于 1943 年的美国 EBSCO 学术期刊数据库 El 前已经将其全文收录，读者可以从该数据库全文下载 1998—2005 年的所有论文。这不但有助于模因论得到更为广泛的传播，而且还可能在一定程度上为模因论"正名"，帮助模因论逐渐走出学术边缘化的尴尬处境。应该说，模因概念及其相关学说已经进入人们的研究视线。

虽然模因论在我国学界还是一个相当新的理论，但它对中国的理论界产生一定的影响。国内学界关于模因的研究可以分为理论研究及应用研究两大方面。国内最早介绍和研究模因论的当属语言学专家何自然教授，1999 年，他与香港理工大学的吴东英、陈瑞端、黄子程等合作，撰文讨论了社会媒体中的汉语模因形象。随后他先后发表了《模因论与社会语用》（何自然，何雪林，2003）、《语言模因现象探析》（陈琳霞，何自然，2006），《被误解的模因》（谢朝群，何自然，Susan Blackmore，2007）、《物竞天择　适者生存——从模因论的纬度看新词酷语的流行现象》（庄美英，何自然，2010）、《流行语流行的模因论解读》（何自然，2014）、《语言模因及其变体的应用》（何自然，2016）、《语言模因与公共领域的生态环境》（何自然，2017）等多篇有关模因论的论文，出版了《语用三论：关联论·顺应论·模因论》、《语言模因理论及应用》等专著。在《语言中的模因》中，何自然（2005）首当其冲地提出"语言模因"的概念，认为语言模因是从模因理论角度审视语言现象，并将语言模因分为模因基因型和模因表现型。何自然（2007）又在其论著《语用三论：关联论顺应论模因论》回应了学界部分学者对模因理论的质疑，如模因理论缺乏明确的研究范围和研究对象，究竟何为模因理论，模因理论缺乏本体论的支持，模因理论没有独立的元语言系统等。何自然（2008）指出，语言模因所产生的修辞效应究竟是正面还是负面，在很大程度上取决于语言模因自身的生命力、传播能量以及其使用频率。李捷和何自然在《语言模因的主体性与语境化》（2014）中又提出了语言模因的主体性及情景性。主体性是指模因宿主的语用态度，与语言模因的复制和传播关系密切；而情境性指社会交往中的情景、互动与推断。何红斌（2006）探究了产生语言模因现象的原因，认为语言模因现象是语用"偏离"和语用"顺应"相互作用的产物。语言模因论的理论研究及应用探讨开始吸引更多中国学者的关注，顾嘉祖（2007）基于生物学视角，探讨模因是由人类通过模仿产生的，信息靠其复制和传播；模因与人脑相互作用，进而促使语言的形成。宋洪英（2012）提出，民族文化定型是关于特定民族或群体典型特征的概括性认识，其在各类模因的竞争中优胜劣汰，最终胜出的为强势模因。由此，相关研究如雨后春笋，长盛不衰。

不过，总的说来，目前国内外学界对于模因论与语言之间的界面研究可以说才刚刚起步，还比较零散，尚未形成一定的系统性，值得开发的重要研究议题还不少。何自然教授（2003）认为，"模因论在语言研究中大有用武之地，它在语言的社会演化和语言交际中所起的作用更值得我们注意"。实际上，由于模因论对翻译的强解释力和应用翻译本身在当今全球化背景下经济、政治、文化各方面交流的重要性，模因论在应用翻译领域研究中将会大有作为。

一、模因的界定

模因论（Memetics）是一种揭示文化演变的新理论。模因论的核心术语是模因（Meme）。模因（Meme）一词仿造自基因（Gene），该词首次出现在 1976 年英国牛津大学道金斯（Dawkins）教授的《自私的模因》一书的第十一章中。Meme 来源于希腊语词根 mimeme，意为"被模仿的东西"。

道金斯教授把前缀 mi 去掉，使它与基因 gene 一词拥有相似的外形，也使读者产生两者之间具有相似内涵的微妙联想。模因是一个文化信息单位，那些不断得到复制和传播的语言、文化习俗、观念或社会行为等都属于模因。根据道金斯（Dawkins，1976）的观点，模因是一个复制品（replicator），是一个文化进化单位。人们的观念可以以与生物进化相类似的方式进化。有些观念比另外一些观念更具生存力，观念可以因误解而产生变异，两种观念可以重组而产生新的观念，这种新的观念带有原来的母观念中的某些因子（elements）。由于模因是一个非常抽象的概念，因此，模因论对于模因的描述在很多时候均采用隐喻的方式。比如，在模因论中，模因往往被描述为"病毒"（viruses），它可以感染（infect）其他人的大脑，或者传染到其他人的大脑中，而一个人一旦被这种"病毒"所感染，它们就会寄生（parasitize）在他的头脑中，在往后的岁月里，这个人又会将这种"病毒"传播给其他人或者他的下一代。这种病毒会改变被传染者的行为，并同时引导他们着力去宣扬这种行为模式。我们说模因是思维病毒，因它从一个宿主过渡到另一个宿主，不断变化着形态，但始终保持其固有的模式。我们无法指出模因是什么，但当我们看到某种现象出现并得到传播时，我们能够认出那是模因作用所导致的。

英国牛津大学的道金斯教授对于模因的定义可以分两个阶段：前期的模因被认为是文化模仿单位，其表现为曲调旋律、想法思潮、时髦用语、时尚服饰、搭屋建房、器具制造等模式（Dawkins，1976：192）；后期的模因被看作是大脑里的信息单位，是存在于大脑中的一个复制因子（Dawkins，1982，1989）。此后，随着时间的推移，学者对模因概念的理解不断加深，苏珊·布莱克摩尔认为"任何一个信息，只要它能够通过广义上称为模仿的过程而被复制，就可称作模因"。"Meme"概念引入国内后，出现了多种译法，如"觅母""密母""拟子"等，广州外语外贸大学的何自然教授（2003）将 Meme 这个术语翻译为"模因"，正是刻意将模因与基因联想到一起，因为模因是一种与基因相似的模仿现象，基因依靠遗传的方式得以繁衍，而模因却通过模仿得以生存、发展。"模"即是"模仿"，"因"即是"基因"。具体说模因就是文化基因，靠模仿传播而生存。模因可以通过模仿、变异和选择进行传播。任何一个信息只要能够通过广义上称为"模仿"的过程而被"复制"，就可以被称为模因了。但要注意的是，当某种思想或某种信息模式出现，在它引致别人去复制它或别人对它重复传播之前，它还不算是模因。只有当这种思想或信息模式得以仿制传播，它才具有模因性。模因与模因之间会相互支持，集结在一起形成一种关系密切的模因变异集合，这就是模因复合体。模因的表征内容可以是单个的模因，也可以是模因复合体。

如今，meme（模因）一词在全世界得到了越来越广泛的使用。2012年，在美国著名的 Merriam Webster's 公布的"2012 年度十大词汇"中，meme 一词赫然在列。不少英语辞典都已正式收录"meme"这个词，基本上都保留了将模因界定为源语"mimeme"的根义。《牛津英语词典》对"meme"的释义为："A cultural element or behavioural trait whose transmission and consequent persistence in a population, although occurring by non-genetic means（esp. imitation）, is considered as analogous to the inheritance of a gene"（文化基本单位或行为特征，它虽以非遗传特别是模仿的方式在人群中传播和流传，但与基因遗传相类似）。《美国韦氏辞典》认为模因就是"an idea, behavior, style, or usage, that spreads from person to person within a culture"（在文化领域内人与人之间相互散播开来的思想、行为、风格或语用习惯）。《企鹅英语词典》的定义则是："a behavioural or cultural trait that is passed on by other than genetic means, eg.by imitation"（一种行为或文化特征，通过非遗传方式，如模仿，加以传播）。

二、模因的特性

模因是一种信息单位，也是文化的基本单位，通过非遗传的方式，特别是模仿而得到复制和传播。它存在于人的大脑之中，像是大脑的病毒，可以重组人的大脑，使之成为它更佳的栖息地。模因也是一种认知或行为模式，由一个人传输到另一个人。携带模因的人叫做宿主，因为宿主继续携带模因,传输过程也叫做复制。宿主继续向群体传播模因,进行自我再生产,所以模因也是复制因子。模因的表现型是词语、音乐、图像、服饰格调甚至手势或脸部表情。模因这个词也被赋予了多种不同的含义,影响到各个不同领域,例如文化、艺术、语言、经济、制度等。我们可以通过对比模因和基因的异同来理解模因的特性。模因和基因拥有相似的中英文发音和写法,两者也具有相似的内涵。模因和基因赖以生存的载体都是人(但不是唯一载体)。两者都包含复制传播的核心概念。基因通过遗传而繁衍,而模因通过模仿而传播。同时两者都遵循达尔文的"物竞天择"原则,在激烈的竞争之中通过模仿和变异达到进化的目的。模因和基因的不同之处在于模因是一种思想和文化传播单位,而基因是一种化学物质,传播对象是生物特质,只能通过代际间的遗传垂直传播进行传播。模因传播的对象是文化,模因可以在任何两个个体之间传播,是由平行传播或多项传播生成。模因的传播只是瞬间的事,因而传播能力远胜于基因。模因的传播速度更快,传播范围更广,影响力更大。

模因跟基因一样,也遵循"自然选择,适者生存"的规律。在数量极大的语言模因库中,能够成功生存下来的模因只有很少一部分,而这些在自我复制的竞争中获胜的模因就是成功的模因(Blackmore,1999:65)。苏珊·布莱克摩尔同样也指出,得到成功复制和传播的模因往往具有易于记忆的特点。模因可分为强势模因和弱势模因。道金斯教授认为只有少数具有长寿性(longevity)、多产性(fecundity)和保真度(fidelity)特征的模因才能在众多模因的激烈竞争中存活下来,拷贝到人类的头脑中或印刷成文字得到传播,成为强势模因。

(一)长寿性

所谓长寿性,是指模因在模因库内存留很久。复制模式存在的时间越长,复制者数量越大,也就是说模因能在纸上或人们的头脑中流传的时间很长,如宗教律法可能连续流传数千年。模因的寿命有长有短,有些模因可能"长生不老",而有些模因则可能只是昙花一现。因此,模因存在的时间越长，被复制的可能性就越大。当然，有的时候，有些模因会进入"休眠"状态，然后在一定的语境条件下再度"复活"。

（二）多产性

多产性指模因的复制速度，复制速度越快，模因散布越广。多产性要比长寿性重要很多，我们甚至可以说，多产性是最重要的因素。复制因子的某些变体必须能够产生多个副本，适用于多种不同的情境语境。只有被复制得多，才说明语言的生命力强，流传下来的可能性才越大。从形式上看，许多成为模因的语言都有着像公式一样的结构，只需要替换其中某一个或某几个部分，就可以将其成功地转化成不同的表达，贴切地用到相应的语境中，并传播开来。天长日久，就能作为强势模因影响人们的语言和思维，最终成为模因库中的稳定"基因"。例如自 2012 年"最美XX"一词出现以来。"最美XX"在国内就成为一种强势语言模因，广泛流传开来，成为各大媒体的"宠儿"，用以表达对爱国爱民、无私奉献等崇高道德的推崇。直至今日，"最美XX"依旧兴盛，如"最美妈妈"、"最美教师"、"最美司机"、"最美护士"、"最美爷爷"、"最美孝心少年"……可见，"最美XX"作为强势语言模因运用的长久性。总而言之，成功的模因必须保证自己能够不断得到复制，越受欢迎的模因，被复制的数量就会越多。值得注意的是，有些模因虽然能在短时间内迅速"走红"，得到大量复制与传播，但却无法存留很久，流行歌曲就是很好的例子。

（三）保真度

保真度是指模因在复制过程中往往会保留原有模因的核心或精髓，而不是丝毫不发生变化。所谓的"忠实"或"保真"并不等同于"原原本本，毫不走样"，保真只是一个程度问题。一般来说，模因复制越忠实，原版就越能得到保留。例如，语言，宗教，传统风俗代代相传，具有相当高的保真度。如李白，杜甫脍炙人口的诗篇千余年来刻印在亿万炎黄子孙的心中。

模因有正确和错误之分、有益和有害之分。但总的说来，模因常常是利多于弊的。有害模因要传播开来，它必须是强大的，要强大到足以支配人们的欲望，制造出恐惧并产生出企图。有害的模因表现为社会不良现象的传播，如色情、暴力、怪诞发式等。这些有害模因的波及面要比类似吃粤菜或西餐那样的模因波及面要大得多。有一些模因，如某种信念、行为，可能是中性的，无所谓好坏；它们的存在是因为它们本身就是一种模因，在人群中得到广泛传播。一些不具备判断价值的事物竟然被认为具有某种价值而得到传播和保留（如封建迷信、盲目崇拜），那是人类普遍存在的弱点。既然有一些模因是流传的想法或盲目传播开来的信息，所以它们不一定是真实的。模因的真实性与模因传播的成功与否这两者之间并无关系。社会上真真假假的传言，有的是事实，也有不足为据的谣传，这正好说明模因的这种传播特性。模因与模因之间会相互支持，集结在一起形成一种关系密切的模因集合，这就是模因复合体。模因的表现形式可以是单个的模因，也可以是模因复合体。

三、模因的传播过程

模因既可以在同一语言中纵向传播，也可以通过翻译媒介在不同语言文化中横向传播。根据海利根的研究，模因的传播过程包括四个阶段：同化（Assimilation）、记忆（Retention）、表达（Expression）、传播（Transmission）。任何语言模因都要经过以上四个阶段，周而复始，形成一个复制环路，每个阶段都有选择，也有一些模因在选择过程中就被淘汰。

（一）同化（Assimilation）

在同化阶段，宿主注意到呈现的模因，理解模因中包含的文本信息和附加的文化信息，接受模因的同化。海利根认为一个成功的模因应能传染或感染新的宿主，即进入宿主的记忆里。假如某个模因呈现在一个新的可能的受体面前，"呈现"意味着个体遇见了模因载体，或者说该个体通过观察外部现象或思考（即重新整合现存认知因素）独立发现了模因。此时的同化指呈现的模因被宿主注意、理解和接受。注意指的是模因载体的显著程度足以引起受体的关注；理解意味着宿主能将呈现的模因内化并纳入自己的认知体系。人的心智并不是一昧接受，而是某个新的思想或现象能与这个个体已有的认知结构相连接。某个模因呈现在一个新的潜在宿主面前。被呈现的模因要得到同化，必须被注意、理解和接受。注意是指模因载体的显著程度足以引起宿主的关注。从诞生之日起，一个有效的模因就应该能够"感化"受体，被受体注意、理解和接受。在这个时期，模因应该尽可能地引起较多人的注意，进入他们的大脑。如果客体不能理解流行语模因，甚至不能认知模因的传输形式，模因就不能行进入到传送阶段。

（二）记忆（Retention）

模因复制的第二阶段是指模因在记忆中的保留时间。在记忆阶段，模因必须同其他模因竞争，争取在宿主记忆中保留一段时间，保留的时间越久，模因得到进一步传播的机会就越多。根据定义可以得知，模因必须在记忆中停留一段时间，否则就不能称作模因。模因必须在记忆中停留，停留的时间越长，通过感染宿主使自己得到传播的机会就会越多。当一个新的模因出现时，如果与相关的旧模因有关联，就更加容易被记忆。和同化一样，记忆是有选择性的，只有少数能够存活下来。我们每天听到的、看到的或体会到的大多数内容只能在我们的记忆中停留几个小时。记忆保留时间的长短要看某个观点是不是很重要，重复的频率有多少。记忆就像同化一样，是经过严格挑选的，只有少数模因能够存活下来。

（三）表达（Expression）

在表达阶段，宿主在头脑中对模因进行重新编码和转码，并通过新的载体（如言语、文字、行为）表现出来。它指的是在与其他个体交流时，模因因子必须从记忆储存模因中出来，进入能被他人感知的物质外形这一过程。模因若想传递给其他个体，必须由记忆模式转化为宿主能够感知的有形体。这个过程可以称作"表达"，演说是一种明显的表达方式。其他常用方式还包括篇章、图片以及行为举止。表达可以是有意识的，也可以是无意识的。人们走路、办事或穿衣打扮都可能是模因的表达。有些模因可能永远不会被表达出来。如果宿主认为某个模因不会引起别人的兴趣，只是下意识地使用，而没有在自己的行为之中表现出来，或者不知如何表达，或者只想使之成为秘密。另一方面，模因宿主如果深信。某个模因相当重要，就会逢人必说，将其表达出来。

（四）传播（Transmission）

在传播阶段，经过重新编码的模因从一个宿主传播到另一个宿主，模因得到进一步的传播。为了传递给另一个受体，表达需要具备看得见的载体或媒介，它们应有一定的稳定性，以保证表达内容在传递过程中不过于失真或变形。模因载体可以是书本、照片、人工制品、光碟等。模因不仅是代与代之间的纵向传播，同时也以横向的方式进行传播，如在同学中间流行的话语和游戏等。通过模因传播的主要方式，模仿得到不断的复制和传播。而那些得到最多复制和模仿的模因就是强势模因，这意味着它在和其他模因的竞争中获得胜利，赢得了复制权，也就是成功的模因，而一个成功的模因具有高保真度、多产性和长寿性的特征。在传播阶段，对模因载体的选择可以通过删除某些模因的来实现，如模因载体在被另一个载体感知之前被毁坏或受损；也可以利用多种不同手段来实现扩散，如载体被复制成诸多版本，如手稿可能被印制成册大量出版。大众传媒出现之后，成功模因与失败模因在传播阶段中的反差最大，选择对模因的影响也最大。

四、模因的传播方式

何自然教授在《语言中的模因》一文中指出，模因的传播主要包括"基因型传递"和"表现型传递"两种方式。"基因型传递"以传递信息内容为主，因此在复制和传播过程中模因的内容一样，形式各异。"基因型传递"还可以细分为同型传递（同一信息在复制和传播过程中的表现形式一样）、异型传递（同一信息在复制和传播过程中的表现形式不一样）和同异型结合传递。基因型翻译意味着源语与目标语的转化是一种原信息的等值或等效传播。"表现型传递"指模因在复制和传播过程中的形式一样,内容各异。"表现型传递"还可以细分为同音异义横向嫁接(保留原来结构,以同音异义的方式横向嫁接)、同形联想嫁接(语言形式不变,嫁接于不同场合导致产生不同的联想意义)和同构异义(模因的结构和形式都不变,但内容改由另外的词语替代)三种形式。

苏珊·布莱克摩尔(Blackmore,1999:58)曾说过,我们还不能详细地了解模因是如何被储存和传递的,但我们已掌握足够的线索,知道如何着手这方面的研究。模因的复制不是说词语的原件与复制件从内容到形式都完全一致。语言模因在复制、传播的过程中往往与不同的语境相结合,出现新的集合,组成新的模因复合体。从模因论的角度观察,语言模因的复制和传播有基因型的"内容相同形式各异"和表现型的"形式相同内容各异"两种方式。

(一)内容相同形式各异——模因的基因型传播

我们说过,思想或信息模式一旦得到仿制和传播就具有模因性。表达同一信息的模因在复制和传播过程的表现形式可能一样,也可能不一样,但其内容却始终同一。同一信息可以先后在不同的语境中以不同的形式传递。苏珊·布莱克摩尔在分析模因进化时指出,这类以传递信息内容为主的模因储存在我们的大脑之中,可以被比喻为基因型的模因。

1. 相同的信息直接传递

这类信息可以在合适的场合中不改动信息内容,通过直接引用的方式复制和传递模因。它包括各种引文、口号、转述,以及日常交谈引用的名言、警句,或者复制别人的话语等(何自然,2005)。以上这些大多是通过引用方式将相同的信息进行直接复制和传递。

2. 相同的信息异形传递

这也是一种以复制信息内容为主的模因,它以纵向递进的方式传播。尽管在复制过程中出现信息变异,甚至信息与原始信息大相径庭,或者说在复制过程中出现模因的移植，但这些变化并不影响初始信息，复制出来的仍是复制前的内容。异形传递往往与原始信息的发音近似，如：我不叫"我"，叫"偶"；歌迷不叫"歌迷"，叫"粉丝"；喜欢不叫"喜欢"，叫"稀饭"；什么不叫"什么"，叫"虾米"；好看不叫"好看"，叫"养眼"；这样子不叫"这样子"，叫"酱紫"等。数字的模因其原始信息也不变，如："再见""就是""原谅我""我爱你""不要生气"等分别复制成了数字形式的模因，如"886""9494""065""4520""8147"等。

（二）形式相同内容各异——模因的表现型传播

根据前人的研究成果（Cloak，1975；Dawkins，1982；Blaekmore，1999），我们可以将复制、传播模因过程的行为表现看做模因的表现型。这种类型的模因采用同一语言形式传播不同的内容。有些信息在传播方式上保留基本形式。但具体内容则各不相同。例如，民谣流传到今天，其内容有些已失去现实意义，于是人们在复制这些民谣的过程中，只保留其形式（字数、行数、排列方式），而换以各种新的内容反复传诵；流行歌曲保留原来的曲调，但被填上不同内容的歌词反复传唱等。这类以所谓"旧瓶新酒"或"移花接木"方式出现的就是横向并联传播的模因，它按需而发，形式近似，内容迥异，是模因的表现型。

1. 同音异义横向嫁接

语言的发展靠的是模因的复制与传播，而在复制的过程中难免会发生变化，语言模因的原始结构不变，而在语音的转换或重构等方面发生变化，形成新的模因，传递语言信息。用同音异义字来复制原始信息，利用同音词、近音词对原有词语进行谐音变换，使语义发生改变。如广告中常用的伪成语，就是借用原成语的形式，不改变成语的四字词组结构，只将其中的关键词语按需要换成同音异义词，如：一"明"惊人、有"痔"无恐、默默无"蚊"、清凉一"夏"、以"帽"取人、趁早下"斑"、请勿"痘"留，等等。再如"跌跌不休"是对"喋喋不休"的语音模因。由于中国股市尤其是 A 股的大盘指数有时连续下跌，许多股民根据"喋喋不休"谐音拟造了"跌跌不休"这个词语。类似的还有与"富翁"同音异义的"负翁"，与"谣言"同音异义的"谣盐"等。

2. 同形联想横向嫁接

语言形式没有变化，但嫁接于不同的场合会产生不同的意义联想。如"杯具"原指盛水的器具，因和"悲剧"谐音，便开始在网络上流传。如今在网络和现实生活中，"杯具"已被指代人、事、物的不如意和失败，或者委婉地对别人表示不满。这些看似无厘头的词句，其背后无一不是对现实问题的深刻思考。类似的还有如原指具体事物，现指不值得一提的事的"浮云"，原指物理术语，现指积极向上的动力和态度的"正能量"等。类似的还有粉丝、玉米、凉粉、荔枝等词在一定的语境下与食品无关，实指几个明星的忠实观众（徐盛桓，2006），它们通过模因的联想嫁接来做宣传。

3. 同构异义横向嫁接

指语言模因的结构和形式都不变，但内容变了，被另外的词语所取代。同构是在一种特定的语言结构大体不变的基础上模仿形成新的模因变体。即使是一些常见的词语，一旦定格为模式，便会被到处复制、模仿，成为活跃的语言模因。例如，继美国"水门事件"之后的"XX门"（"诈捐门""学历门"等），"菜篮子工程""形象工程"等的"XX工程"，"剩女""孔雀女"等的"XX女"，类似的还有各类"XX男"、"XX族"、"裸X"、"X奴"、"X二代"、"XX控"、"舌尖上的XX"、"XX Style"、"被XX"等。同构异义横向嫁接的模因不限于单个词语，有时是语句，不仅像"一个亿的小目标"、"一言不合就XX"等短语或句子，甚至是整段篇章都有可能被模仿。这类模因往往别出心裁地以某个特定结构为样板，套以不同的内容。

第二节　切斯特曼的模因翻译论

从上述模因的社会现象和语言现象以及模因从一个宿主到另一个宿主

的传播方式和传播特点可以看出，模因与翻译的文化传承和传播使命极具关联性。可以说，翻译是模因跨越文化疆域进行传播的生存载体，将模因论运用到翻译理论与实践的研究也是顺理成章的事了。最早把模因引入翻译理论研究的当属芬兰著名翻译理论家切斯特曼（Chesterman）。切斯特曼于 1997 年出版了 Memes of Translation：The Spread of Ideas in Translation Theory（《翻译模因：翻译理论之理念的传播》）（1997/2002）。该书借助模因系统地分析了各个时期的翻译思想和理论，建立了翻译理论发展说——模因翻译论。作者在前言中说明了写本书的三个目的：第一，为了元理论的目的；第二，为了理论的目的；第三，为了实践的目的。切斯特曼把翻译研究看做模因论的一个分支，把翻译研究纳入了模因论的研究范围，试图用模因论解释翻译提出的问题，从模因论的新视角，论述了翻译模因的产生、传播和发展规律，从而把一些互不关联的翻译观点联系起来，构建了一个系统的翻译模因论。尽管有些论述还不够具体充分，但其对翻译研究和翻译教学的指导意义还是有目共睹的。

一、切斯特曼的翻译规范论

不同的翻译模因在不同的时期占据了不同的地位。例如一些曾经非常风行却最后又让位于其他模因的翻译模因，还有一些生命力很旺盛并变得坚不可摧的模因。一旦某种翻译模因占据了主导地位，即变成翻译规范。当某一模因被某一社团广泛接受，便成为了规范。同样，当某一翻译模因在某一时期处于支配和主导地位，这时这一翻译模因就演化成这一时期的翻译规范。而其他翻译模因则被压制成弱势。遵循规范的翻译则被视为正统，而违反这一规范的翻译则被视为错误，或根本就不被认为是"翻译"。因此，翻译规范模因对翻译理论和实践具有制约作用。切斯特曼对翻译规范作了细致的分类，并对它们进行了细致深入的研究。他把影响翻译产品和行为的规范也划分为两类：期待规范和专业规范（切斯特曼，1999：90-97）。切斯特曼除了阐述这些规范本身，他还向我们揭示了不同的翻译理论之所以不同，最根本的原因是它们都是以某一规范为其主要倾向的。切斯特曼的翻译规范论自成体系，别具特色，是对前人翻译规范描述性研究的拓展和深化。

（一）期待规范

期待规范（expectancy norms），又称产品规范（product norms），指目标语读者对译文的期待，即某一特定类型翻译的读者对该类型翻译的期待，比如在语法性、可接受性、风格等方面的期待。这些期待部分地受到目的语文化所盛行的种种翻译传统的制约，也受目的语中类似文本类型或平行文本（parallel text）的制约，还受到经济、意识形态因素、同一文化及不同文化间权力关系的影响。读者对文本类型、篇章常规、风格、语域、语法、文本特征的分布、搭配、词语选择等都有自己的期待。我们可根据期待规范对不同的译本作出评价，一些译本可能比另一些译本更符合期待规范。值得注意的是，读者对于某一特定文本类型翻译的恰当性及可接受性的批判没有一个统一的、具体的标准，往往是笼统的、模糊的、印象式的或者经验式的，而且评判标准因人而异。切斯特曼的进步在于把期待规范置于社会历史条件下，认为期待规范是动态变化的。

（二）专业规范

专业规范（professional norms）也称过程规范（process norms）。指合格的专业译者的职业行为所体现出的制约翻译过程的规范。专业规范是有能力的专业译者翻译行为的具体体现，是非专业译者试图努力达到的标准。专业规范又可分为责任规范（accountability norm）、交际规范（communication norm）、关系规范（relation norm）。责任规范是一种道德规范，要求译者应忠实于原作者，满足翻译委托人、译者本身预期的读者以及其他相关当事人的要求。交际规范要求译者应根据具体情境或语境，使翻译行为参与各方的交际效果最大化。交际规范是一种社会规范（social norm），主要涉及两种语言之间的关系，指译者应致力于使参于交际的各方获得最大程度的成功交际。译者扮演着交际专家的角色，既是他人意图的传递者，又是事实上的交际者。关系规范因涉及文本之间的关系，因而是一种语言规范（linguistic norm）。关系规范要求译者在原文和译文之间建立并保持相关相似性的恰当关系。关系规范拓宽了等值的内涵。这三种专业规范中的一部分经过规范权威的批准而生效，但也有相当一部分专业规范像期待规范一样，是因为它们自身的存在而生效，即人们接受了它们，承认它们是制约专业译员翻译实践的规范。

二、五种超级翻译模因

切斯特曼认为，翻译是模因的延续机器，使模因在不同文化间通过语言传播。能够反映翻译概念、翻译思想和翻译理论本身的模因叫做翻译模因。全部的"翻译模因"共同构成了模因库。切斯特曼把有关翻译的概念或观点以及翻译理论统称为"翻译模因"。所有的翻译模因构成了庞大的模因库，其中有些翻译模因没有最终赢得普遍接受，便悄无声息地消失了。有五种超级模因具有很强的生命力，经过淘汰选择，最终存活下来，影响翻译理论和实践的发展。他介绍了在翻译理论史上以各种面目反复出现的五种"超级翻译模因"（super memes）。它们分别为：源语—目的语超级模因、等值超级模因、不可译性超级模因、意译与直译超级模因和写作即翻译模因。

（一）源语—目的语模因（source-target）

原文与译文之间的关系应该是一种附加关系或者增值关系。在现代翻译研究中，人们通过对这种超级模因的认同，才有了原文文本和目的语文本的概念。译文通过它所携带的模因，将自身的信息传播、复制给其他的读者，反过来译文的读者通过自己的解释，赋予它以新的内容，给原文增添了价值。

（二）对等模因（equivalence）

在传统译论中，翻译必须在某种程度上与原文等值，这成为翻译理论中一种可怕的魔咒。追求客观性、同一性使人们紧紧抓住等值这个准绳不放。西方翻译理论中，有从功能、风格、形式、语义、交际、文本类型等不同角度研究等值的。鉴于此，切斯特曼提出一种较弱形式的等值，即相似性。既然完全等值是不能企及的目标，翻译的相似性更为实用。等值标准长期以来在模因库中占主导地位，但现在这种强势正在逐渐解体。

（三）不可译模因（untranslatability）

这种模因可以看做消极地影响宿主的一种寄生模因，认为原文是不可译的。一些理论家认为，既然等值是个"乌托邦式"的追求，那么不可译也是自然而然的事。这个超级模因的传统观点是，文学翻译尤其是诗歌翻译是不可译的。雪莱、雅各布逊及弗罗斯特等人就属于这一派。在不可译性派看来，不能完全等值的翻译就不是翻译。切斯特曼反对只有在单一文化内模因才能传播的提法。

（四）意译—直译模因（free-vs-literal）

翻译单位越小，就越倾向于直译，反之则倾向于意译。自古以来，翻译界为此问题聚讼纷纭，这个超级模因主导翻译界的原因是主张直译的人坚持形式对应，而主张意译的人又强调功能对等。切斯特曼认为，要根据文本类型来决定两种不同翻译方法的使用。

（五）写作即翻译模因（all-writing-is-translating）

这个超级模因强调翻译是一种改写。翻译可以看做对原文的一种改写。翻译模因为了适应不同时期的翻译需要，以不同形态出现并不断复制和传播，以求生存发展。从符号学角度看，所有的写作包括翻译都是将所指映射到能指，即用词汇表达意义的过程。

三、翻译模因演变的八个阶段

切斯特曼详细梳理了翻译模因的演化过程。他将这个过程细分为八个不同的阶段，每个阶段都是特殊的模因或模因集合（Meme complex），都用一个隐喻词来命名，分别为"语词""神谕""修辞""逻各斯""语言科学""交际""目标"和"认知"。切斯特曼认为，上述八个模因集合体及其隐喻词可以将目前的翻译思想都囊括在模因库之中。事实上，通过探讨这八个阶段或模因，切斯特曼对翻译理论的发展和演变做了一次历时性的爬梳。模因的发展过程是一个由简单到复杂的渐进过程，可以说是一部浓缩的翻译理论发展史。其中，一个模因代表着某一个发展方向，顺着这个方向出现了系列的后续理论。这也便是模因最显著的特征——它的衍生和传播能力在翻译模因的发展中并不是简单的复制，它们在新的历史时期所衍生出的新的模因是对先前模因的继承和变异。翻译发展史既是不同模因之间的更替，又是相同模因的演变和发展。

词语阶段（Words）——词是翻译的基本单位。词（Words）作为第一个模因，代表了翻译思想的第一个阶段。这一时期的语言观是古希腊式的，即语言是对现实的反映。词作为语言的符号，其意义是恒定的、绝对的。每个民族用不同的语言符号系统去反映相同的客观现实。因此，翻译就是词与词之间的转换。

神谕阶段（The Word of God）——全方位忠实于源语文本。源语文本中的语法形式不可改变，语法形式负载有意义。如果说第一个阶段的重心是词，第二个阶段的重心就是结构。因为零散的词是不能表达完整意义的。正是基于此，对圣经和其他宗教文本的翻译尤其强调对语言形式的忠实。出于对神的敬畏，也出于对被冠上亵渎神的罪名的恐惧，这一时期译者几乎都是采用完全直译的手法。如果使用比喻，这一阶段应比喻为"翻译就是复制"。

修辞学阶段（Rhetoric）——译者的忠实转向读者，强调译文流畅。最早提出应根据不同的文本类型采用不同的翻译方法的人是哲罗姆。他认为对非宗教文本的翻译应该更自由一些。文艺复兴时期，随着世俗文本的翻译日益增多，修辞成了这一时期的主导模因。它体现了翻译重心由源语转向译语，可以说这是那个位于源语和译语之间的钟摆历史上多次摆动中的第一次摆动——由源语摆向译语。翻译中关注的不再是对源语的绝对忠实，而是译语的可接受性如清晰性、流畅性、可读性，等等；译者也不再是原文的"奴仆"。

逻各斯阶段（Logos）——译者的创造性和语言的塑造力被置于重要地位。逻各斯指的是语言。翻译走进语言中心论时期。这种思想的含义是语言具有创造力，使用语言即是对神灵创造行为的模仿。阐释学的发展提供了另一种语言哲学，语言不是交流的工具，而是表达、自我表达和创造的手段，这对语言中心论思想起了直接的影响。从翻译方法上看，这一时期的翻译又开始向源语靠拢，尽量保留源语的陌生性、异质性和他者性。钟摆又从译语摆向源语。逻各斯模因用不同的方式复制自己，或者说从逻各斯模因中衍生出许多新的翻译元素或新的模因。

语言学阶段（Linguistic Science）——注重两种语言系统之间的差异和关系。语言科学代表了模因的又一新的发展阶段。前几个发展阶段主要涉及宗教文本和文学文本的翻译。当现实生活中需要大量地翻译技术资料、法律文件、旅游手册和广告时，新的翻译思想和翻译方法便应运而生。语言学理论对翻译理论的影响表现在下面三个方面：一是追求译文的客观性和明确性；二是强调了译文与原文的对等；三是注重运用真正科学的方法。

"语言科学"模因最典型的体现就是对机器翻译的研究。从事机器翻译研究的人不再大谈神秘的语言能量，他们只关注语言使用中的规则。

交际阶段（Communication）——强调信息的功能和语用等方面。在交际模因所代表的发展阶段中，翻译被比喻成信息的传递。它所体现的翻译思想不同于前面阐述的几种翻译理论的追求，没有在被视为钟摆两端的源文和译文之间摇摆，而是坚定地立在中间，保持一种平衡。译者就是处于原作者和读者之间的一个斡旋者，目的是让信息顺利传播。翻译理论发展至此，已不能局限于从语言学的角度对其进行研究，因为交际是一个社会过程，应考虑一些社会学因素。翻译的交际理论最初见于奈达。他曾经从信息理论的角度研究翻译，使用过信道、噪音、冗言、信息负载等概念。

目标语阶段（Target）——关注译本在目标语文化中发挥功能的方式，或遵循规范，或打破规范。目标语（target language）的提法代表了翻译理论的又一新的发展阶段。与修辞阶段相同，目标语阶段的翻译研究以译语为重心，优先考虑译语及译语文化的相关因素。这是钟摆的又一次摆动。所不同的是，修辞模因强调对原文的模仿，目的是以此来丰富译语文化，而目标语模因则包括更广泛的翻译功能，将源语置于次于译语的地位上。总之，目标语模因涵盖了更广泛的内涵，它具有很强的翻译语用观，以广阔的社会文化和意识形态为背景对翻译进行了研究。

认知阶段（Cognition）——该阶段把我们带回翻译操作中心，也即译者的头脑，探究译者翻译时做出的决定及其理由。认知是切斯特曼提供的模因链上的最后一个环节。在目标语阶段，翻译被强调为人的一种行为，而在认知阶段，翻译首先被认为是人的大脑的思维活动，强调翻译就是思考。

四、切斯特曼的翻译伦理

切斯特曼是一位在翻译伦理研究方面影响巨大的学者，他的文章《关于哲罗姆誓言之建议》在学术界引起了强烈的反响。切斯特曼的翻译伦理研究是较为客观的，既是描述性的，也是系统化的。作为翻译学研究中一个新的研究方向，切斯特曼提出，翻译伦理理论应当以价值观念为基础。他假定翻译活动受期待准则、关系准则、沟通准则和规范准则四条基本准则的制约，并针对每条准则提出相对应的伦理价值观：明晰、真实、信任和理解。明晰是制约期待规范的伦理价值，即说话要清楚、明了、简练，避免晦涩和歧义。真实是相对于关系规范提出来的。它要求原文和译文之间保持一种真实的关系。信任是指译者应信任原作者、翻译委托人、译文读者及出版商。信任是一种双向行为，也是一种制约责任规范的伦理价值，理解是制约交际规范的伦理价值。切斯特曼的四条翻译伦理价值分别指称译文的质量，原作与译作的关系，译者与作者、发起人和读者的关系，以及翻译的目的。根据这种伦理基本价值，2001年切斯特曼把现行的翻译伦理分为五大伦理模式，即再现的伦理、服务的伦理、交际的伦理、规范的伦理和专业责任的伦理。这五大模式对于翻译研究和翻译实践都产生了深远的影响。

（一）再现的伦理（ethics of representation）

再现的伦理起源于神圣文本的翻译，认为译文对原文的"再现"其实就是对原文的"代言"，就是要体现出原文所要表达的意思。切斯特曼认为再现的伦理重在"真理"（truth），主张译文必须再现原文，再现作者的意图、原文的文化。由于这正是异化观所倡导的，因此他把贝尔曼、韦努蒂等人的观点也看成再现伦理的代表。

（二）服务的伦理（ethics of service）

再现的伦理研究的是原文和译文，以及原文作者和译员之间的关系，而服务的伦理研究的则是译员同使用者之间的关系。结构主义将译员从原文和原文作者的约束中解脱出来，赋予译员充分的主动性。译员能够从译文的使用者包括读者、雇主等的角度出发进行翻译创作，时刻不忘为译文使用者的职责和目的服务。译员不仅对原文作者体现出忠诚，更重要的是要忠诚于译文的使用者，因此会对原文作出适当的调整和解释，而这种解释是必要的，因为"翻译"与"解释"是分不开的。

服务的伦理是基于商业服务的翻译概念之上的。这种观点更多的与功能论尤其是模因论的主旨暗合。如果译者与客户或委托人通过商讨而达成一定的协议，那么译者首先要对客户负责。其次他还要考虑到作者和译文读者。诺德（Christine Nord）也说过，如果委托人所提出的要求违背社会道德，译者可以拒绝为之服务。

（三）交际的伦理（ethics of communication）

"再现"和"服务"的伦理是译文译员到原文作者和译文译员到译文使用者的两条单箭头关系，而交际的伦理完全是三者间双向的关系，体现的是三者之间的来往交流，突出了译员作为另两方交际桥梁的作用。翻译是两种语言的沟通，是两种文化的撞击。译文译员不仅要再现原文内容、原文作者的意图，对译文使用者负责和服务，也要考虑到对原文的"阐释"

方式，考虑到译文在目的语中的效果和反应，体现两种语言和文化的对话，从而完成跨语言、跨文化、跨社会的信息传递任务。

（四）规范的伦理（norm-based ethics）

规范是对翻译行为或译文文本的要求，是"好"与"不好"的评判，是对翻译标准的丈量。切斯特曼将翻译规范分为期待规范（expectancy norms）与职业规范（professional norms）。前者是针对译文文本在目标语中的接受度而言，后者是针对译员翻译行为在各方的接受度而言，切斯特曼进一步将职业规范划分为责任规范（accountability norms）、交际规范（communication norms）与关系规范（relation norms）。同时，他还有针对性地提出四种伦理价值，即明晰（clarity）、真实（truth）、信任（trust）与理解（understanding）。"明晰"和"真实"分别是要清楚明白地说明和根据需要尽可能贴近原文意思和作者意图，从而满足期待规范和责任规范。"信任"和"理解"分别是原文作者、译员、译文使用者彼此间的诚意、信赖以及贴切恰当的理解，从而处理好交际规范和关系规范，规范的伦理实际上是对其他翻译伦理的总结和约束。

（五）专业责任的伦理（ethics of communication）

在前四种伦理的基础上，切斯特曼提出了专业责任的伦理。作为一种职业，翻译有翻译行业的道德准则。译员的职业操守包括追求卓越、公平、真实、值得信赖、移情、勇气和决心。专业责任的伦理对译员提出了应尽的义务和责任，以及应当体现出的专业水准。译员要遵守职业操守，做一名有道德、有良心、有责任心的译者。

五、切斯特曼的翻译伦理模式的局限性

（一）翻译伦理模式的相互交叉与重叠

虽然他的每一种翻译伦理模式反映了各自不同的伦理价值，但是在译

者所追求的诸多伦理价值，比如忠实、信任、理解、交际中，有的伦理价值明显要高于其他的伦理价值。各种伦理模式的相交与重叠使得这种划分过于细化，反而使译者感觉无从把握。

（二）翻译伦理模式各有不同的应用范围

有些只能用于文学或圣经翻译，而有些则更适合科技或者政治文体的翻译。

（三）翻译伦理模式缺乏统一的伦理基础

在切斯特曼的模糊伦理层次分类中，服务和规范伦理反映的是契约伦理价值观，即关注的是契约、合同是否得以履行。而再现和交际的伦理反映的是功利主义价值观，即它们关注的是结果。它们并不是建立在统一的原则之上。不在一个标准上的分类是很难具有说服力的。其次，切斯特曼提出的四个模式到底属于社会伦理、职业伦理还是个人伦理很难说清楚。

（四）翻译伦理模式忽视了主体间的互动性和平等性

由于伦理主要涉及人际间的合理交往规则，它对于各交际主体之间都会存在一定的束缚作用，规定了各主体的权利和义务。

本章小结

本章简要介绍了模因论的形成与发展、模因论的理论框架、模因的传播过程和传播方式以及切斯特曼模因翻译理论。语言模因是嵌入翻译过程的各个环节的。模因复制的结果不一定是内容前后完全相同，更非形式的等同转移。翻译模因的复制可能出现增值或删减的过程。因此，模因传播是动态的，而非静态的。切斯特曼从模因论的视角论述了翻译模因产生、传播和发展的规律，提出了翻译模因论（Translation Memetics），归纳了五种超级模因（Super Memes）。翻译是一种跨文化交际、传播文化的活动。根据切斯特曼的见解，我们可以认为翻译模因库里也会有各种各样的模因基因型和模因表现型，前者意味着源语与译出语的转化是一种原信息的等值或等效的纵向传播，这里面我们可以区分出等值和等效两种模因复制形式，其中还可以区分出语义等值／等效模因和语用等值／等效模因。至于后者，翻译模因表现为信息从源语到译出语的转化过程是一种非对等的横向复制和扩散。这时的译出语尽管没有脱离模因的基因，但它的表现则是多样的，包括意译模因、节译模因、略译模因、译述模因、译评模因等翻译模因变体。结合模因论来研究翻译，能加深我们对翻译模因现象的认识，丰富翻译学理论。例如结合模因论来研究翻译的等效论和等值论，研究翻译的变体论，模因论对翻译的原则，归化和异化翻译以及翻译的方法等等，这些都会加深我们对翻译模因现象的认识，从而为丰富翻译学理论作出贡献。

本章主要参考文献：

［1］Andrew Chesterman. 翻译模因论：翻译理论中的思想传播［M］. 上海：上海外语教育出版社，2012.

［2］何自然. 语用三论：关联论·顺应论·模因论［M］. 上海：上海教育出版社，2007.

［3］何自然，陈新仁. 语言模因理论及应用［M］. 广州：暨南大学出版社，2014.

［4］刘军平. 西方翻译理论通史［M］. 武汉：武汉大学出版社，2009.

［5］刘军平，覃江华. 西方翻译理论名著选读［M］. 武汉：武汉大学出版社，2012.

［6］彭桂芝，何世杰. 中外翻译史解读［M］. 武汉：武汉大学出版社，2016.

［7］谭占海. 语言模因研究［M］. 成都：四川大学出版社，2009.

［8］谢朝群. 礼貌与模因：语用哲学思考［M］. 福州：福建人民出版社，2011.

第三章 模因论与应用翻译

应用翻译中存在着模仿复制吗？何自然教授写道："对术语的翻译通常采用两种复制方式，一种是直接对声音拷贝，另一种是对意义拷贝。"对声音拷贝中，翻译主要是译音词，例如将 jeep 译成吉普车，将工夫译成 kungfu 等。关于对于意义的拷贝，学者刘宓庆先生有一段精辟的论述，他说："所谓模仿（mimesis），指用目的语模仿源语的文化信息表现式，大体相当于传统译论中的直译，也可以说用目的语来复制或移植源语的文化信息。"这一点与模因学的观点不谋而合。在应用翻译中，无论是中译英还是英译中，对于信息的表达都存在模因现象。所谓模因是"在诸如语言、观念、信仰、行为方式等的传递过程中与基因在生物进化过程中起的作用类似的那个东西"。它使得相关的信息不断在社会中模仿、传播。在应用英语翻译中，模因现象就表现为一些中英文翻译中的表达形式被人们模仿并加以传播。

由于应用英语翻译本质上就是一种信息传播的过程，这使得引入模因进行应用英语翻译研究逐渐成为热点。我们于 2017 年 11 月 10 日在中国知网上输入时间为 2007—2017 年，主题为"模因"并含"翻译"，搜到 195 篇期刊论文和硕士论文。其中较有影响力的相关学术论文有：马萧、陈顺意的《基于模因论的翻译规范思考》，王立松的《从强势模因和弱势模因角度看翻译策略》，关海鸥、徐可心的《模因论与互文性：文学翻译研究新视野》，王红毅、余高峰的《模因传播与翻译的归化和异化》，任开兴的《语言模因论观照下词语的变异与翻译》。张晓蕾在《从模因论视角看英汉翻译中的归化和异化》中说"从翻译模因论的角度来看,原作是一个模因综合体的载体,承载着原作者的理念和独特的语言文化。译者既是异国模因的解码者和被感染者,也是异国模因的重要传承者。"刘宇松在《从模因论视角解读网络热词英译的归化和异化》中也认为,翻译活动看似仅涉及不同语言文字层面间的相互转化,实则不然,翻译可以说是将一种语言所承载的独特文化从文字层面抽取出来,然后将其以另一种语言外壳的形式呈现给另一种语言的使用者。从模因论的视角来观察翻译活动,实际上是引进外来模因,将它们进行复制、传播,来丰富某种文化,促进其发展、进步。这些论文对我们深入了解模因论,并进一步结合模因论研究语言、文化、教学、翻译,具有特别广泛、深远的启发。从统计相关发文量看,2007年到2017年模因论翻译相关研究论文数量呈现稳定增长的趋势。但从发文数量来说,总体发文数量并不多。用提取的关键词绘制网络知识图谱进行可视化分析,"模因""翻译策略"之间的联系最为密切,而其他外围节点也均与此热点关键词有联系。从关键词的数量来看,关键词含有"模因"和"模因论"的最多,其余的为翻译策略、翻译目的、翻译方法、翻译原则。由此可见,国内对于模因论的研究主要基于语言学的范畴,对其翻译理论的研究还不多见,相关论文也只是局限在基于模因论的翻译策略、翻译目的、翻译方法的研究,有许多值得全面深入研究和应用的方面,如模因机制产生的翻译干扰、模因论视角翻译原则研究等。实际上,由于模因论对翻译的强解释力和应用翻译本身在当今全球化背景下经济、政治、文化各方面交流的重要性,模因论在应用翻译领域研究中将会大有作为。模因概念不仅使我们可以从新的角度来看待翻译活动的意义,还可以阐释应用翻译中的归化和异化问题,能较好地解决我们在应用文体翻译中所碰到的诸多问题。因此,用模因论指导应用翻译实践是适合的,也是非常必要的。

第一节 模因论在应用翻译中的适用分类

贾文波认为"从总的趋势上看，汉语和英语都有应用文体，各自的文本体裁似乎也无太大差异，都有科技说明文、政治议论文、经贸应用文、旅游描写文、广告宣传文等各种类似的体裁。"两种语言应用文的体裁之相似，使得互译难度减少许多。翻译过程中要以顺应译语相应体裁的各种词汇选择、句型模式、结构模式和信息特点，即以模仿译语体裁的强势基因为主。

一、词汇模因

应用翻译与文学翻译的差别之一是应用翻译所涉及的一般是具体的某个行业。在应用翻译中最应当避免字对字翻译，否则译文要么诘屈聱牙、生硬机械，要么让人不知所云，要么平白如水，却又冗长无比，如同阅读小说。在英汉翻译过程中，译者对应用文本常见的词汇应当了然于心，在翻译过程中方能变通，不是将词典中每个单词的意思套进去，而是以该体裁中译语常用的措辞代替，这些措辞很多时候与原文的词汇并非一一对应，在词典中找不出二者的互相释义，如果进行回译，也经常译不出原文的措辞，这样的翻译才是炉火纯青。优秀的译者从来都不拘泥于词汇的词典意思，而是根据语境（此处指应用文本的具体体裁）选择最佳匹配词汇，应用翻译中词汇的模因包含一般的词汇和术语，尤其要注意一些普通词汇在某个行业意义的改变。如洗发香波的商标名称"Rojoice"是一个普通名词，意为高兴，将它译为"飘柔"，就是通过联想消费者用过商品后，头发无比柔软飘逸、顺滑如丝的高兴心情。"飘柔"则打破原商标的本义，发挥译者丰富的想象力，使之与随风飘逸、光洁柔滑的秀发联系在一起，表达了原作者的真实用意，传递了英语商标词的神韵，达到了预期的效果。世界名酒法国的"brandy"（白兰地）在香港市场上年销售量350万瓶，"白兰地"一词令人马上产生一种美好的联想"白兰盛开之地"，非常富有诗情画意。中国商标在翻译成目的语方面也不乏成功的范例，如北京四通集团公司的商标"四通"译为"stone"。在源文化里，"四通"具有多重文化内涵，而在目标文化里，虽然源文化信息被转换，但代之以一种新的文化信息，即一种西方商业传统中勇于挑战的"硬碰硬"的心态。另外，从读音上看为单音节词，响亮易读；从外形上讲，简洁易识；从意义上说，更有"A rolling stone gathers no moss"（滚石不生苔）之解，译名的确体现了词汇的模因在应用翻译之中的重要性。

二、句型模因

各种体裁的应用文常用语句不同，但是在本语言范围内，人们经常用相似的模板将各种信息填入，使得各种文体的句型模式一目了然，成为强势模因，给写作带来很大的便利。翻译的时候要正确采用这些译语句型模因，将原文本的各个款项套入其中，则翻译效率和地道性都大大提高，最重要的是，译文在译语文化中让人一目了然，减少了阅读时间，提高了效率，而效率是应用文体写作和翻译的目的之一。

例如：

两个月前我方自己订购了 200 台，但我们被告知所有订单都排得很紧，七月初之前我们无法完成。

We ourselves placed an order for 200 two months ago, but we informed that all orders are being met in strict rotation and that our own could not be settled before the beginning of July.

此例的汉语文本和英语文本体现出截然不同的句型模式，前者以短句为主，层层说明，英语商务信函经常使用长句、复合句等复杂的句型结构，汉译英要做到符合英语的表达习惯。此处的翻译即弃原文模因，而以译文模因代之，英语读者对该模因的熟悉会使得阅读这一译文毫不费力，在信息型文本之中，信息是中心，这一译本能准确而快速地传递信息，取得较好的效果。

三、结构模因

英汉应用文文体的结构差别较大，为了让读者接受，必须将译文结构重组，以译语的结构模因代替源语的结构模因。相比词汇和句型模因，结构模因的变动相当大，属于改译的范畴。"改译经常在段层单位进行。段层改译包括段内改译和段际改译。段内改译是对原作部分内容进行聚合、增添、合并、改换等改译活动，以句、句群为单位，段际改译是以段为单位从全篇的大局出发，对原作的内容进行聚合、增添、合并和改换。"各种语内信息结构的重组在英汉翻译中相当普遍。

例如：

故宫是中国现存最好、最完整的古代建筑群。占地面积达 72 万平方米，建筑面积约 15 万平方米。由大小数十个院落组成，房屋九千多间。

The Imperial Palace, which is the most superb and the best preserved of all ancient architectural complexes, occupies an area of 720 000 square meters. The built-up part, madeup of large and small courtyards with the number of chambers reaching more than 9000, has a total floor space of some 150 000 square meters.

原文"占地面积达 72 万平方米，建筑面积约 15 万平方米"，在译文中调整了结构，将建筑面积移到句末，修饰"由大小数十个院落组成，房屋九千多间"，因为建筑面积指的是院落和房屋的面积，重组之后的结构更加清晰，占地面积和建筑面积各为其主，结构整齐，这是模仿了英语应用文写作之中条理清楚、主次分明、分点明确的模因。

四、信息模因

无论是词汇模因、句型模因还是结构模因，都是在不改变原文基本内容的基础上所做的模仿。这样的模因只是浅层的，主要涉及的是语言层面的模仿。应用翻译与文学翻译的最大区别应当是信息模因的运用。所谓信息模因，顾名思义，是从信息角度模仿译语同一文体之中的信息，对源文本进行信息改写。这样的翻译属于变译的类型，尤其适用于应用文本，主要处理的是两种语言在文化方面的接受性之差异。

例如：

除了国际大都会的繁华，香港还有很多不同的面貌；例如原居民文化，殖民地建筑和露天市场等。走出市区，也可找到自然风光；踏着绵软的沙滩投入蓝天碧海的怀抱；沿登山径，深入浓密韵山林，满目清新……初来乍到，您可能惊异于香港拥有如此迷人的自然美。

Hong Kong is a city of stunning contrasts where towering skycrapers rub shoulders with ancient temples and historic monuments. It's a living fusion of East and West that sees local people practicing age-old tai chi exercises in front of one of the world's most stunning harbors.

这是香港出版的旅游宣传册中的一段话。原文大量使用修辞手法及生动形象的表达，几乎每句话中都含有一个意象，这些描述符合汉语读者的美学偏好。但若直译为英语，对于重实质信息的英语读者来说则会显得矫情做作，多余累赘，无法达到预期效果。译者采用了改写的方法，使用鼓动性语言，同时突出东西文化对比，使得译文更加符合英语文化信息的要求，减少了译文读者的阅读难度。综而述之，模因论在应用翻译中的适用性远远超过文学翻译，是由于与文学翻译相比，应用翻译更加注重译文读者的接受速度，更加注重译文的信息传递而非审美之娱，所以将译语从词汇、句型、结构和信息四大模因对原文进行翻译，通过提高译文读者的阅读效率，可以较好地达到翻译的目的。

第二节　模因传播产生的应用翻译干扰

根据翻译模因论，模因的传播过程对翻译构成影响。从翻译模因论的角度来看，原作是一个模因综合体的载体，承载着原作者的理念和独特的语言文化。译者既是异国模因的解码者和被感染者，也是异国模因的重要传承者。翻译活动,看似仅涉及不同语言文字层面间的相互转化,实则不然,翻译可以说是将一种语言所承载的独特文化从文字层面抽取出来,然后将其以另一种语言外壳的形式呈现给另一种语言的使用者。从模因论的视角来观察翻译活动,实际上是引进外来模因,将它们进行复制、传播,来丰富某种文化,促进其发展、进步。要想使应用翻译在英语世界顺利传播,需要译者考虑是否有能让其模因复制传播的有利因素,如果没有,就需要创造条件;如果有,就需要充分利用。Kate Distin 指出主要有五大因素影响模因的适应和选择:模因自身的内容、人的心理因素、人的生理环境、模因库的总体环境、客观物理环境。耶鲁大学教授 J. M. Balkin 提出,对模因起选择作用的三个主要因素是模因自身的实质内容、人的心理因素(包括人类大脑的认知结构和对不同模因敏感性的差异)、社会生态因素(主要指整个模因库的生态环境,包括社会制度、信息储存方式、沟通技术等)。综合来看,要想让模因得以顺利复制与传播,必须满足其影响因素的内因和外因。内因是模因自身的内容,外因包含人的主体因素以及外在的客体因素。人的主体因素包含人的心理因素和生理因素,外在客体因素包括模因库的生态环境以及客观世界的物理因素。也就是说,影响应用翻译的三个干扰因素主要包括客观因素(译者在同化和表达阶段产生的翻译干扰)、主观因素(读者在传播阶段产生的翻译干扰)、模因本身因素(模因在记忆阶段产生的翻译干扰)。

Dawkins 提出高质量模因应具备的三个条件,即复制信度、复制速度和复制长度。模因存在的时间越长,被复制的可能性越大,保存的时间也越长。模因传播最重要的过程便是宿主解码和受感染阶段,其中译者的角色非常关键。译者既是源语模因的解码者和被感染者,也是源语模因的重要传播者。如果译者编码模因的新载体,即译本不为读者所接受,模因也就无法感染这些新宿主,从而中断传播而消亡。以何种方式对源语模因进行编码,最大程度地复制源语模因,并同时让新宿主接受,是翻译活动的焦点所在。对于译者而言,在理解源语语言模因的过程中,通常面临如下困境:首先,源语语言模因内部的差异。

在同一符号体系内部，多民族间的差异将导致译者理解的偏差。其次，源语语言模因的与时俱进。存放在源语语言模因符号体系内的意义可以因本民族科学文化发展或与其他民族的交流沟通而产生新的符号，或是改变原有符号的意义。译者必须尽力保持模因的这些特点，丧失任何一点，模因的传播质量就会下降。译者不仅要对源语模因进行正确的解码，还要采用准确的目标语和合适的英译策略对其进行编码，尽力复制原文的意义或信息，保证其长寿性、保真度和多产性，确保模因传播的译文在语用、文化和语言价值上与源语保持一致，从而最大限度地复制源语模因，达到感染读者（模因的新宿主）和促进源语模因跨文化传播的目的。

第三节　模因传播过程与应用翻译策略

翻译是模因跨越文化疆域进行传播的生存载体，将模因论运用到应用翻译理论与实践的研究也是顺理成章的事了。根据海利根对模因的生命周期的研究，我们可以把翻译的过程分为四个阶段。未经阅读的源语模因存在于其载体阶段，称为遗传阶段。译者读懂并接受源语信息的阶段是模因的解码和感染阶段。译者受到感染成为宿主，对源语模因进行重新编码和传播。译者在了解源语信息的过程中，自然而然地成了源语模因的特殊宿主，用新的语言对源语模因进行编码，为其更换新载体，构成模因的新遗传阶段，即源语模因的解码者、感染者和传播者。因此理想的翻译是：模因的新载体能使新的宿主通过转换过的语言，成功解码这些模因，使源语模因由此得到传播。以下是模因通过翻译传播的过程图解。

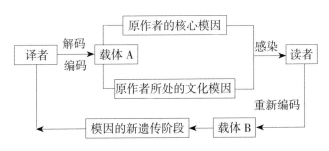

图2 模因通过翻译传播的过程

在这个过程中，译者一定要注意适当估量目的语宿主的理解能力，采用重复（异化）或类推（归化）的方式复制源语模因，前者有助于通过引进异化模因而丰富目的语的模因表达，用来实现形式和内容的直接传递，后者对于理解陌生的模因有帮助，用来通过不同的形式传递相同的信息，将归化翻译与异化翻译作为翻译过程中的两种可选策略，在翻译模因论看来，也成为了两种策略模因。归化翻译要求译文顺应译入语的习惯，迎合译入语读者的文化传统及阅读方式。因为这样利于异国模因被译入语读者所接受。相比之下，异化翻译则强调译文要保留源语的特色，包括源语的风格、语言形式、文化特色，等等。显然，异化翻译在两种文化相接触的初期会造成各种文化上的摩擦，不利于异国模因顺利地被译语读者所认同和接受。但从长远角度看，异化翻译能够丰富译入语的语言文化，同时促进不同文化间的交流、包容和理解。模因的本性是在传播中如基因一样，尽可能完全地复制自己。

一、归化策略的运用

当两种文化接触之时，由于译入语体系和源语体系相差很大，译入语的读者对源语的文化极其陌生，很可能由于无法解码异国的模因而拒绝接受感染。因此，在这个阶段，译者往往倾向于采取归化的翻译方法，力图使目的语读者成功地理解源语的核心模因。如虽然源语和目的语的语言是独特的，但文化的共性又使得相对的复制成为可能。有时候源语文化中的模因可以在目的语文化中找到相似的模因，对其宿主产生相似的感染，对读者产生相似的效果。英文中的"armed to the teeth"和中文的习语"武装到了牙齿"有着相似的深层含义。又如英文的"Man proposes, God disposes"和中文的"谋事在人，成事在天"也有异曲同工的效应。因此，许多译者便采取归化翻译的方法，它强调要尽可能地将源语文化转换成目的语文化，使源语文本所反映的世界接近以目的语文化为依归的读者的世界，在目的语中寻找和源语文化信息相似的模因，以期产生原作模因对其读者产生的相似效果，从而相对忠实地传播原作模因综合体中的核心模因。再如佛经在中国的早期翻译采取了大量的道教名词，进行"比附"和"格义"。由此，"出世"思想——佛经中的核心模因，成功地得以传播。类似的归化翻译还有"mushroom"（雨后春笋）、"red-eyed with envy"（妒忌）、"Coals to Newcastle"（多次一举，意指纽卡斯尔本是英国的煤都，再运煤到那里就是多余的举动）等，不一而足。虽然源语模因综合体中的其他文化模因遭到了舍弃，但这种归化翻译的传播意义非常大，它使得两种文化开始相互了解，为以后模因的更完整复制和传播创造了条件。但是，随着两种文化的日益熟悉和融合，读者的求新、求真心理和模因的复制本性将不再满足于归化翻译，所以异化翻译成为模因传播的趋势。

二、异化策略的运用

归化翻译的优势在于有助于目的语读者理解源语文本中的核心模因。但经过归化翻译后的译文文本载体中的模因集合与源语文本的模因集合有很大差异，译入语中存在的被解码的模因实际上是与源语文本的核心模因相似的模因。在文化接触的初级阶段，核心模因的当务之急是力求生存而不至于灭亡。因此经过归化翻译的译文有其积极的一面。但是如果一直拘泥于由相似模因在译文中占主导的替代阶段，模因将无法进行自我复制，最终将被淘汰掉。归化翻译从表面上看似乎缩短了源语文化与目的语文化之间的距离，使译文更加贴近目的语读者的欣赏口味。但实际上，归化的译文隔绝了不同文化间的互动，剥夺了读者了解其他文化的机会。随着目的语读者对源语文化的了解的深入，他们将会有更充分的能力和机会来解码源语文本的其他模因，将不会再满足于用本国的文化去生搬硬套地解码异国文化的相关模因。归化是以牺牲源语所附带的文化信息为代价的。读者体味不到原文的原汁原味，感受不到它所携带的独特的文化气息。所以从模因的角度看，归化翻译远远满足不了模因传播的需要。

异化翻译要求读者有很高的理解源语文化的能力，这种方法一方面可以大大地丰富目的语的语言，使其表达更加精彩，另一方面可使目的语文化趋于多样化。有时在两种文化相对熟悉的时候，仍然有一些源语文化的模因很难被目的语文化的宿主所理解。但作为传播模因的宿主，译者应该努力地去复制这个模因，使译文成为这个模因的忠实传播载体，而不能轻易地在目的语文化中找相似的模因去代替。例如，把英语习语"go to law for a sheep, you lose a cow"译为"捡了芝麻，丢了西瓜"。两种表达方法看似相似，实际上并不完全对等。该习语除表示"得不偿失"的喻义外，还附带表示律师借打官司之际，向原告和被告收取尽可能多的钱财的意思，反映了西方民族习惯于通过法律途径解决纠纷的文化风尚，这些内涵是中文谚语"捡了芝麻，丢了西瓜"所不曾含有的。在此用归化译法无疑失去了附载模因。如果异化译为"为一只羊打官司，却损失了一头牛"，更易于读者理解。如果译者为了达到当时的通顺和易懂，保守地采取归化的翻译，以目的语相似模因代替源语的模因，目的语文化便永远失去了获得源语文化模因的机会。

从模因这个角度来看待应用翻译，这给我们提供了一个新的工具来衡量归化与异化的问题。我们认为，归化和异化这一对翻译策略其实只是模因传播的两种手段（王崇，2011）。前者是用目的语模因替换源语模因，让译文读者理解译文时付出最小的努力，后者是把源语中特有的模因移植到目的语中。归化翻译是模因传播初期的必要阶段，它将源语文化异质成分转换成另一文化中人们所熟知的内容。归化翻译保留了目的语读者熟悉的核心模因，意义接近原文，译文通俗易懂，更容易被目的语读者接受。我们不可否认归化翻译在两种文化碰撞之初所发挥的桥梁作用和拉近两种文化间距离的功劳。但是随着两种文化的交流与融合，译入语读者对源语文化日益熟悉，目的语读者对异域文化的渴望也不断增加，他们希望了解异域文化，希望看到原文的真面目，他们将越来越不满足于用本国的文化模棱两可地去解码异国的文化模因，此时归化翻译已不能满足目的语读者求真、求异的心理，客观上呼唤异化翻译的出现。因此从长远来看，异化翻译成为模因传播的要求和趋势。

第四节　模因的传播方式与应用翻译

从模因论的角度来看，语言模因复制和传播的方式有"内容相同形式各异"的基因型和"形式相同内容各异"的表现型两种方式。模因基因型以传递信息内容为主，可分为相同信息的直接传递和相同信息的异形传递两种形式。也就是说，同一信息的模因在复制和传播过程的表现形式可能一样，也可能不一样，但其内容却始终同一。这其中同形同义直接传递可起到将源语中核心模因及其他模因完全复制的目的，这种翻译能起到源语与目的语的等效传递效果，是翻译的理想境界和至高境界。异形同义传递是将源语中的核心模因复制为与目的语相似的母音，这是一种深层意义等值的翻译。模因表现型话语的翻译是由于文化差异而产生极大冲突或其他因素导致的节译、编译、略译等，这是一种不得已而为之的功能对等翻译。在具体的翻译实践中，各种模因为了适应不同的社会环境，不断地进行复制和传播，并产生一定的突变。模因在传播过程中产生变异，在变异中求得发展。模因之间的复制关系既非等价，又非转移，而是增值关系。因此，模因传播是一个动态过程。

一、模因基因型应用文体的翻译

（一）同形同义传递

相同的信息直接传递指源语模因和目标语模因在形式和语义上都基本

相同。这里的形式是指句法形式或语音形式。这种类型的模因（包括各种引文、口号及日常交谈引用的名言警句、流行语，等等）的语义对等值最高，因此也最容易得到传播，通常可以在合适的语境下不改动信息内容而直接传播。它虽然是简单的模因传播方式，却也是文化模因传播最基础和最普遍的方式。在对于"给力"这一中文名词的翻译中，由于"给力"是汉语世界的流行语，具有较强的文化特色，在一些文本的翻译中无法用已有的英文单词进行翻译。针对这一现象，有人运用中式构词法，在制造出 zhuangbility（装逼）之后，炮制出 ungelivable（不给力）、gelivable（给力）两个词。"geli"是直接音译自中文的"给力"的汉语拼音，与其他英文单词相比，这两个单词基本符合英语造词规则，但是中国人接受的程度远超过外国人。

（二）异形同义传递

人们的生活环境是差不多的，但是语言一经形成，就有一套自己的运营机制，这就使得同义但异形的模因最为普遍。人们常常需要表达同一个意思，但是不同的语言有不同的表达法。例如英汉在句法上的差异是很大的，它们在主语的确定、谓语的选择、语序的调整上都有所不同。因此，在模因传播时，需要用不同的形式来表达同一个语义。例如："青蛙"和"恐龙"在网络语言中分别指相貌不佳的男女。"理发店"一词在传播过程中也出现的各种模因变体，如"发廊""理容城""理容中心""剪吧""形象设计室""发艺工作室"等，它们的使用频率远远超过原词。所有这些异形传递的模因，其原始信息的内容都是不变的。它们在传播复制的过程中尽管名称有所变化，但实质没变，形成了内容相同、形式不同的基因型模因。比如：蜗婚的英文说法是 living together apart。"蜗婚"，大体是指夫妻"离婚不离家"的情况。"蜗婚"的英文说法 livingtogether apart 来源于离婚的"80 后"们宁可选择蜗居在一处也不分道扬镳，这类"80 后"自嘲为蜗婚族。因为无法单独承担房产月供或租金，越来越多的夫妻选择离婚后仍然生活在同一个屋檐下。房价还在不断上涨，出售房产可能不是明智之举。因此，他们只好住在一处，希望房产会继续升值。

二、模因表现型应用文体的翻译

表现型模因是以同一形式按需要复制成不同的内容，可分为同音异义横向嫁接、同形联想嫁接和同构异义横向嫁接三种形式。如民谣流传到今天，其内容有的早已失去现实意义，复制时只保留其形式而换以新的内容，这种以"旧瓶新酒"的方式横向扩散传播的是模因的表现型（何自然，2007：159）。翻译模因表现型为源语到目标语的转化过程，是一种不完全对等的复制和扩散。

（一）同音异义横向嫁接

这类模因保留原来的结构，以同音异义的方式横向嫁接。这些模因成功地复制了源语的形式，同时增加了趣味，给消费者耳目一新的感觉，更有利于产品的宣传与推广。如在对于"三农"（农业、农村、农民）的翻译中，一般都翻译为"agriculture，countryside（或者 rural area）， peasant（或 farmer）"。虽然那样的翻译更准确，但是作为表达型文本肯定没有中国驻联合国官员沙祖康的提法"farming，farm，farmer"更能体现"三农"这一中国特色名词的语言厚重感。

（二）同形联想嫁接

语言形式不变，嫁接于不同的场合会产生不同的联想意义。如在对"山寨"这一词的翻译中，相应操作型文本就会发生一定的变化。"山寨"是流行的中文词汇，起初主要是针对我国一种由民间 IT 力量发起的产业现象，其主要特点表现为仿造性、快速化、平民化。本世纪初，在广东，许多 IT 企业通过小作坊起步，在国家执行相关 IT 产品制造限制前，这些企业通过快速模仿知名品牌推出相应产品，这样的行为被称为"山寨"，其产品称为"山寨机"。产品主要涉及手机、数码产品、游戏机等不同领域。随着"山寨"产品的流行，逐渐各行各业都有用"山寨"来比喻一些类似的东西，比如

"山寨春晚""山寨电影"等等"山寨"这一模因主要体现了三个语言要素：产品形成过程在传统主流规则的边缘、产品本身对主流高端的模仿仿造、产品价格的平民化。"山寨"产品的宣传文本显然是操作型文本，是为了宣传相应的"山寨"产品，而相应的一些主流品牌的宣传文本中对于"山寨"的宣传是为了贬低"山寨"产品。分析这些功能的时候，需要考虑文本中"山寨"这一模因体现的语言要素。如现有主流品牌在对于"山寨机"的宣传文本翻译中，一般选择"copycat"这一词作为英文翻译。copycat 在英文中是指就知道盲目模仿别人的行为，通常的隐含意义就是说该行为没有创意。随着国际主流手机品牌的推广，这一翻译方法逐渐成为强势模因。这一翻译中突出了"山寨"模仿仿造的语言要素，从而体现了主流品牌手机贬低山寨产品无创意的言外之意。但是，在"山寨机"品牌自有的宣传中，为了宣传自己的"山寨"产品，在翻译中就不适合使用 copycat。可以考虑从"山寨机"打击名牌主流手机暴利、让更多人分享技术进步的角度进行诠释。比如以英语文化中较为常见的杀富济贫的侠盗罗宾汉作为"山寨机"的代言，使用 Robinhood cell phone 进行宣传文本的翻译，这就能够较好地体现"山寨"这一模因价格平民化的语言要素。

（三）同构异义横向嫁接

语言模因的结构和形式都不变，但内容改由另外的词语所取代。这些常见的词语一旦定格为模式，便被到处复制、模仿，成为新的活跃的语言模因复合体。例如"车到山前必有路，有路必有丰田车"译为"Where there is a way for car，there is a Toyota"。本例是丰田汽车的广告词，原文巧妙运用"车到山前必有路"这个俗语，同时使用了顶针的修辞，创造了一个新的对偶句。译文读者通过理解分析源语的模因复合体，并结合目的语读者的认知语境发现，源语是一个对称结构，英语中的谚语"Where there is a will，there is a way"恰好可以供我们套用模仿，对其进行适当地改变，就可以实现目的语读者的最大关联，使目的语读者产生共鸣。再如"宁可食无肉，不可居无竹叶青"译为"Better a dinner where there Zhuyeqing sprit is than a stalled ox and Zhuyeqing without"。本例是竹叶青酒的广告词，原文模仿了谚语"宁可食无肉，不可居无竹"，表达了人们对居住环境高雅的品味与追求。译文则套用了英文谚语"Better a dinner of herbs where love is than a stalled ox and hatred there with"（同爱人一道吃草，胜同仇人一道吃肉）的结构，不仅与源语语义相近，也具有很强的感染力，使译文读者乐于接受。以上几个例句都运用了同构异义横向嫁接的翻译模因，形象生动地表达了新的内容，不仅引起读者的共鸣，而且促进源语模因自身的传播与复制。

第五节　从模因论看应用翻译的规范问题

切斯特曼认为，当某一模因被某一社团广泛接受，该模因便成为了规范。同样，当某一翻译模因在某一时期处于支配和主导地位，这一模因就进化成了翻译规范（马萧，2005a）。遵循规范的翻译则被视为正统，而违反这一规范的翻译则被视为错误，或根本就不被认为是"翻译"。因此，翻译规范模因对翻译理论和实践具有制约作用。简而言之，人们研究翻译的一个重要目的是目的语文本和源语文本之间"等值"（equivalence）和"相似性"（similarity）的含义。对它们的厘定，在不同的文化和不同的时期各有不同。切斯特曼认为，最低的要求是所宣称为翻译的译本在译入语文化中被（客户或译入语读者）接受。换言之，被接受的译本要符合译入语文化中现行的规范（陈鹏，2007）。

一、西方翻译规范的研究历程

为了全面了解翻译规范的源流，有必要简要梳理一下西方翻译规范研究的历程。Toury（1995）被认为是第一个系统论述翻译规范的学者。Toury 把规范定义为："把某一群体所共享的一般价值和观念转换成适合于并可应用于某些特定情境的行为准则（的行为）。"这些规范是对某一文化、社会和时间的社会文化方面的限制（Monday，2001）。规范可以从教

育和社会化的一般过程中习得。Toury 认为，翻译是一项受规范制约的活动，
规范决定实际翻译中等值的类型和程度。他把翻译规范分为初始规范（initial
norm）、预备规范（preliminary norm）和操作规范（operational norm）。
初始规范又分为原文规范和目标文化规范两种，服从前者即为充分翻译，
服从后者即为可接受翻译。预备规范包括翻译政策和翻译的直接性，即是
从源语翻译还是通过中介语言翻译。Toury 对每一种规范都作了非常详细
的论述。通过大量的个案研究，Toury 对每一种规范都作了非常详细的论述。
通过大量的个案研究，Toury 得出了两大翻译法则：趋于标准化法则和干
预法则。Toury 的规范具有原创性，切合翻译实际。

　　Toury 之后，Hermans 和 Chesterman 也论述了翻译规范。Hermans 认为
规范可制约翻译的产出和接受，译者的行为受一定规范的制约，译者与其
他代理人共处以共同完成交易行为。Hermans 的分类更加宽泛、自由，他
是从社会交往的角度，而不是从纯语言学的角度去看待翻译规范的。切斯
特曼认为"规范"是描写性的，而不是规定性的，是对某一社团内部的具
体惯常行为的描写。一定社团的人不可避免对某一具体行为的"正确性"
有着共同的观念，他们对这一行为是否正确有着某种程度上的一致性。作
为"社会现实"，规范存在于主体之间。每个人都对规范有自己的认识，
规范只有依赖于其社会存在，才能被公认。规范存在于社会意识之中，而
不知其存在的规范是不存在的。我们可以说："N 曾经是规范，但目前大
多数人都不遵守这一规范了。"但我们不能说："N 是现行的规范，但大
多数人都不遵守它。"切斯特曼的翻译规范论在社会学的产品规范（product
norms）和过程规范（process norms）以及语言学的产品规范、交际规范和
道德规范（ethical norms）的基础上，从不同的视角提出了期待规范（expectancy
norms）和专业规范（professional norms）的概念。期待规范由预期读者或翻
译当事人对翻译产品的期待所决定，实际上也是一种产品规范，可用来评
判译作。也就是说，译者满足了期待规范，就会被视为好的翻译，而不符
合期待规范的译作可能被视为劣质的译作。专业规范实际上是一种过程规
范，是有能力的专业译者翻译行为的具体体现，是非专业译者试图努力达

到的标准，起到了指导、调节翻译过程的作用（马萧，2005b）。

二、强势模因与应用翻译规范

在应用翻译中，强势模因就是一些翻译格式被不断模仿、传播，从而形成固定翻译模式，并从众多的翻译模式中脱颖而出，成为主流的、被广泛接受的甚至是唯一的翻译方法。显然，强势模因的形成是在模因传播的过程中逐渐形成，不断的模仿、传播使得相关翻译被广泛接受。如在"功夫"一词的翻译发展过程中，我们可以发现，正是模因传播的过程强化了翻译中的模因，最终形成了强势模因"kung fu"。"功夫"一词是近年来流行于世界的一个武术代名，其实200年前，从法国到中国来的传教士把当时中国道家的行气之功叫作"功夫"并传到欧洲，但是它未普及于欧美，直到20世纪60年代，这个词随着驰名世界的武术家、中国人李小龙的功夫片才传播开来，深入人心，功夫也是中国两广一带对武术的通俗叫法。显然，"kung fu"对中国武术的描述更多的是依赖中国功夫片所传播的信息。在这样的强势模因中，"kung fu"指的就是中国武术。而实际上，"功夫"只是中国武术的一个分支。那么，由于模因的传播，特别是借助中国功夫片这一宿主的扩大，中国武术的翻译逐渐被"kung fu"取代，并被广泛接受，直至排斥其他翻译模因，从而形成强势模因。

强势模因也并不是固定的，随着传播的不断进行，一些强势模因可能被其他模因所代替。所以，所谓的强势模因是相对的，并依赖模因传播而形成的。正如 Chesterman 的翻译模因论指出，在翻译模因库中存在大量的翻译模因。一方面，每一模因是对以前模因的复制和继承，但另一方面它也会在复制和传播的过程中产生一定的变异，在变异中求得发展。有的专业术语或某一特定名称的翻译要经过好几轮的"约定俗成"才最终被视为正统。如在新闻宣传中，对于一些特有政治名词的翻译、一些对外宣传的英语翻译会随着传播而变化。比如对于"社会主义"的翻译，原来相对单一、简单，就是"socialist"。现在为了避免在西方形成一些误解，开始引入多种翻译方式。例如在一些翻译中采用"new rural communities"作为"社会主义新农村"的翻译，从而避免使用"socialist"这样政治色彩相对强烈的字眼。"科学发展观"也曾有多种译法：view on scientific development，scientific development views，the view of scientific development，scientific views of development，等等，网上的翻译更是五花八门，经过一段时间的实践，逐渐固定为 the scientific outlook on development。诸如此类的我国国情文化特色词语，往往一开始是在各个媒体，如《中国日报》、中青网、中华网、欧美同学会网站等出现多种译法，之后"中国译协对外传播翻译委员会"专家开展研讨，最终以不定期的形式在《中国翻译》杂志刊出"中国译协对外传播翻译委员会中译英研讨会最新讨论词汇选登"。这些专家讨论的结果，基本上就成为"约定俗成"的译文，我们应该给予尊重，并在自己的翻译实践中加以参照，使我们的译文符合规范。当然，这种"新词选登"只能解决极少数的翻译问题，对于众多具有我国特色的文化负载词，有的还没有"约定俗成"的翻译，我们也可以参与讨论，加速和丰富其"约定俗成"的过程。

显然强势模因的形成有助于应用英语翻译质量的提高，而强势模因的形成又是依赖模因传播的。所以，从模因传播的角度出发，可以在翻译中有意识地构建一些应用英语翻译规范，从而为强势模因的形成提供基础。如果存在一个个强势模因，则在应用英语翻译中直接套用相应形式就可以了。比如，对于人名和地名的翻译，随着国家实力的不断增强，汉语拼音逐渐被世界接受，则相关的拼写规则就是一种强势模因。比如，现在翻译某个市、某个县的名字的时候，一般情况都使用汉语拼音，这极大地降低了翻译质量对翻译人员个人素质的依赖。

三、构建应用翻译规范的注意事项

从模因传播的角度出发，在应用英语翻译规范构建中，以下两个问题值得注意：

第一，模因应该是利于传播的，因此相应的翻译规范应该是方便传播的，反之则不利于强势模因的形成。如对于历史朝代的翻译，以西方对应的历史背景为标准肯定能有效提高翻译质量。例如，以哥伦布发现新大陆前多少年描述明朝的年代可能效果更好。但是这样的翻译模因是很难操作的，这样的模因由于不利于传播而很难成为强势模因。

第二，模因应依赖大众的广泛接受而成为强势模因，而不是依赖行政命令和法规。比如对于路名、江河名的翻译，我国有相关法规，显然在许多具体情况下这是不被接受的，特别是一些具有特定历史文化背景的场合，这样的翻译规范是被排斥的。所以，在构建应用英语翻译规范时，要明确翻译范例只是一种模因的宿主，是否能成为强势模因需要依赖模因在传播过程中是否被大众接受。

翻译是翻译模因的生存机器，翻译模因是思想、理念，一旦经模仿、传播和接受，就会成为指导人们翻译行为的翻译规范。换而言之，翻译规范是由翻译模因库众多翻译模因通过模仿、斗争转变而来，翻译规范是历时与共时的统一。切斯特曼把模因论与翻译研究相结合，使我们对翻译研究有了崭新的视角。比如说，在同一历史时期，某一文本以多个译本、不同的形式出现，如以改写、编译、重写、节译等变译的形式出现，只要被该时期的翻译规范认可，我们都可承认其存在合理性，因为翻译模因变体可以包括意译模因、节译模因、编译模因、译评模因等等。模因论使我们用辨证的发展观来看待翻译规范。

本章小结

应用英语是以应用为目的的英语文本，应用英语的翻译随着英语作为国际语言广泛应用而越来越受重视。通过引入一些翻译理论指导翻译是提高翻译效果的有效途径。近年来应用模因论指导应用英语翻译逐渐成为提高应用英语翻译质量的一个发展方向。本章从模因论在应用翻译中的适用分类、模因机制产生的应用翻译干扰、模因传播过程与应用翻译的归化和异化、模因的传播方式与应用翻译、从模因论看应用翻译的规范问题等方面，简要论述了模因论与翻译的关联以及模因在应用翻译理论和实践中的应用。本章首先从词、句、篇章三个方面介绍模因理论在应用翻译的使用分类，从模因机制产生的应用翻译干扰谈起，后又根据模因传播过程来体现从同化到记忆再到表达直至传播的语言模因的跨文化翻译过程。根据语言模因复制和传播信息的方式，将模因分为基因型和表现型两大类。通过介绍两大分类，旨在进行应用翻译策略研究，并从强势模因的传播特征角度来阐释应用翻译规范的必要性。

模因翻译论为应用翻译研究提供了一种新的视角，为应用翻译研究注入了新鲜血液，对应用翻译策略、翻译规范、翻译伦理、翻译教学等都具有一定的解释力。需要注意的是，西方学者对翻译模因论的一些理论还未达成一致的意见，比较典型的是切斯特曼和布莱克摩尔在许多问题的看法存在很大的分歧。当然任何一种理论都不是万能的，模因论并不是一种包治百病的灵丹妙药，它并不能完全解释翻译理论和实践中的各种问题。或者说，当遇到翻译理论和实践中的各种问题时，它并不具备普遍而强有力的解释力。作为一种理论，而且是一种新兴理论，它只是一种工具，工具的效力还取决于使用工具的人。因此，研究人员的创造力和能动性也是使之发展的动力和关键因素。

本章主要参考文献：

［1］陈淑霞.模因论视角下的应用翻译研究［J］.郑州航空工业管理学院学报（社会科学版），2014，33（05）:118-121.

［2］何自然，陈新仁.语言模因理论及应用［M］.广州：暨南大学出版社，2014.

［3］莫爱屏.语用与翻译［M］.北京：高等教育出版社，2010.

［4］叶苗，应用翻译语用观研究［M］.上海：上海交通大学出版社，2009.

［5］尹丕安.模因论与翻译的归化和异化［J］.西安外国语学院学报，2006（1）:39-42.

［6］http://www.tac-online.org.cn/ch/tran/2013-09/24/content-56789993.htm，2013-11-04.

第四章　网络流行语翻译

　　网络流行语具有创新性、幽默性、生动形象性等优点，极大地丰富了汉语的表达方式，成为了汉语言创新发展的重要来源。如何准确地英译网络流行语，以便更好地向外宣传我国文化和社会价值观，已成为不容忽视的问题。模因论为网络语言的翻译研究提供了全新的视角。在中国知网检索区以"网络流行语""模因论""翻译"三个关键词对近十年的文献进行高级检索分析得出：相关研究论文数量呈现稳定增长的趋势，但总体发文数量并不大。对关键词绘制"共现网络知识图谱"可以发现："网络流行语""模因""翻译策略"之间的联系最为密切。由此可见，当前翻译界基于模因论的角度对于网络流行语的翻译进行了不少有益的探讨，但主要局限在对翻译策略和翻译目的的研究，少有学者从模因复制传播过程的角度加以研究。因此，从模因机制的角度，分析其对网络流行语翻译产生的干扰，从而提出基于模因论的网络流行语英译策略是非常必要和有意义的。

第一节　网络流行语的模因分类

　　网络流行语指以互联网为传播媒介，在一定的时间和地区广泛使用并流传的，用来交流并直接影响现代汉语词汇表述方式的语言词汇。互联网的发展产生了大量网络语言，但不是所有的网络语言都具有研究价值。很多网络语言都如昙花一现，出现不久就被淘汰。只有流传下来并被广泛接受的网络语言，才会成为网络流行语。本文的研究对象——"网络流行语"特指以互联网为传播媒介，在一定的时间和地区广泛使用并流传的，用来交流并直接影响现代汉语词汇表述方式的语言词汇。通过对 2012—2016 年《咬文嚼字》编辑部评选的年度十大流行语、国家语言资源监测与研究中心评选的中国媒体年度十大流行语等语言数据的收集分析，可以总结出网络流行语模因可分为复合模因、共生模因和生造模因三大类（石蕊，2013）。

一、复合模因

复合模因是由两个或两个以上的模因复合而成的，即复合词，且往往是旧词与新词的结合。随着网络流行语在基本模式上的不断衍生，其在语用上必然突破传统的束缚，打破原有的结构，出现许多新的用法，比如词性的变化、词的搭配变化等。比如："宅男"（indoor man）中的"宅"本来为名词，意为"住宅，房屋"，但在网络流行语中用作形容词，指"整天待在家里不愿出去的（人）"。再比如传统的"被XX"格式中，"XX"为不及物动词、名词或形容词，这是不符合语法规范的，只有当"XX"为及物动词时，此格式才成立，如"被热爱""被学习""被同意""被检举"等。而在网络流行语中，人们有"被就业""被增长""被开心"的用法，由此可见，不论"XX"是及物动词、不及物动词、名词，还是形容词，"被XX"结构都可以组成词组。同时，"被XX"的词义也发生了变化。在网络流行语中，"被XX"表示"并没有（意愿）XX，而被认定为（愿意）XX"，例如"被慈善"表示"（一个人）并没有意愿做慈善，而被认定愿意做慈善"，"被投票"表示"（一个人）并没有投票，而被认定为投票"等。再比如、"雷"本是名词，比如"打雷"。但在网络流行语中，"雷"被用作形容词，强调夸张、奇特、令人咋舌的意味，比如"雷人"（shocking）、"雷剧"、"雷造型"等。类似的还有XX体：元芳体（Yuanfang style）、甄嬛体（Zhenhuan style）、凡客体（Fanke style）、咆哮体（ranting style）、校内体（Xiaonei style）、德纲体（Degang style）、TVB体（TVB style）、非诚勿扰体（if you are the one style）；舌尖上的XX（a bit of XX）：舌尖上的快乐（a bite of happy）、舌尖上的爱情（a bite of love）、舌尖上的中国传媒大学（a bite of Communication University of China）、舌尖上的成都（a bite of Chengdu）；最美XX（the most beautiful XX）：最美教师张丽莉（the most beautiful teacher Zhang Lili）、最美司机吴斌（the most beautiful driver Wu Bin）、最美战士高铁成（the most beautiful soldier Gao Tiecheng）、最美女法官后莉（the most beautiful judge Hou Li）等。

二、共生模因

共生模因是由模因突变引起的，但共生模因不改变词的形式，而是给词赋予新的意思，即"旧瓶装新酒"。共生模因是把一个认知域的概念（来源域）投射到另一个认知域（目标域）的一种认知方式，本质是一种相似性。许多网络流行语的产生就是源自隐喻的使用，即从旧的、熟悉的认知域向新的、不熟悉的认知域的投射而形成流行语义。比如："神器"本来指神仙拥有的有某种巨大作用的法器，词义来源于古代科技水平低下，人们对于某些自然现象无法解释，只好归功于神的力量。例如在我国古代神话传说中，有"十大神器"的说法。如今"神器"指拥有神器功效的某种新器物或高科技产品。例如"做饭神器""等车神器""哄娃神器"等。"神器"作为传统意义上的专有名词和一个具有"神奇"功效的普通名词，从一个概念域映射到了另一个概念域，形成隐喻。还有"闪婚"中的"闪"字和"雷人"中的"雷"字，分别出自自然现象"闪电"和"雷"，取"像闪电一样快"和"像雷一样给人造成的惊恐"之意，从而形成隐喻。运用隐喻的网络流行语还有"你懂的""洪荒之力""吃瓜群众""小目标""躲猫猫""元芳，你怎么看"等。

三、生造模因

生造模因是因为原有模因不能满足新事物的指称或命名需要而人为地创造出新的词。比如网络流行语中出现了大量的谐音现象，谐音是指在语言应用的过程中借助同音或近音的词语来表达相同的含义，从而形成幽默诙谐、调侃讽刺的特殊表达效果。比如2016年网络流行语"蓝瘦、香菇"是"难受、想哭"的谐音。这一谐音既有调侃味，又有形象感，受到年轻人的追捧，频频出现在微博、公众号中。"蓝瘦、香菇"的流行，反应了年轻人在语言表达上追求轻松幽默的游戏化心理。此外，运用谐音的词语还有"神马"、"鸭梨"、"稀饭"、"肿么办"、"捉急"、"酱紫"、"杯具"、"大虾"、"海龟"等。网络流行语中除了对汉字读音的谐音，还有对英文读音的谐音，例如"血拼"是"shopping"的谐音，指购物；"粉丝"是"fans"的谐音，指追星的人群；秀是"show"的谐音，指表演；黑客是"hacker"的谐音，指以技术手段危害网络安全的人，另外还有自拍（selfie）、给力（gelivable）等。

第二节　模因论在网络流行语翻译中的应用

互联网的发展产生了大量网络流行语。而新词语的诞生往往不是空穴来风的，大多是在原有词语的基础上变异而成的。模因论为网络流行语的语言演变引入了信息复制的观点。在模因的作用下，网络流行语得以复制，创造新词语的创意也同样得到复制，从而形成了人和语言的互动模式。网络流行语并非从诞生之时起就是模因，只有当网络流行语被复制或模仿并传播时才成为模因。当然，所有的网络流行语都是潜在的模因，都有可能被复制和模仿。模因的生命伦理与其接受性密切相关。有些模因由于具有很强的接受性而广为传播，并具有很强的生命力；有些模因由于得不到普遍接受而消亡；而有些模因则如昙花一现，流行一时而迅速被新的模因或模因复合体所取代。网络流行语也存在上述情况。同时由于网络流行语在特定的文化中孕育产生，与生俱来具有文化模因。这种文化模因对翻译过程中的交流与欣赏产生了干扰。如何在保持原有语言形式、习惯和文化传统的同时，考虑目标语群体的期待视野、审美情趣和接受能力，成为翻译中出现一个难题。模因论为我们分析和研究网络流行语翻译提供了一个崭新的途径和视角。在翻译过程中，能够从模因的角度领会新词语的语义并且正确地进行翻译，对于翻译工作者而言是一种新的能力与技巧。把网络流行语翻译和模因论的相关理论结合起来，通过详细地分析网络流行语模因的变异、复制传播的动态过程以及其影响因素，研究网络流行语作为源语强势模因在目的语文化中的复制和传播中产生的翻译干扰，从而提出网络流行语的翻译原则和策略。

网络流行语的模因机制指网络流行语翻译模因的复制传播机制。模因在复制传播的进化过程中，面临着巨大的选择压力，彼此之间存在着激烈的竞争。在数量巨大的模因库中，能够生存下来的并不占多数，只有很少一部分才能够成功地从一个人的头脑中被复制到另一个人的头脑中。这些生存下来的模因即强势模因或成功的模因（安乐天，2013）。根据翻译模因理论，网络流行语模因的翻译过程与其语言模因的传播复制传播过程一样，也包含同化、记忆、表达和传播四个阶段。在同化阶段，译者理解源语信息，成为源语模因复合体的解码者和被感染者，也自然成为模因的宿主。在记忆阶段，网络流行语（源语模因）在译者（宿主）头脑中保持的时间越长，越容易得到传播。在表达阶段，译者在大脑中搜索英语语言的表达方式，将网络流行语（源语模因）从译者的记忆中释放出来，并用英语对源语模因进行编码。在传播阶段，英语国家读者对译言进行解码，理解其中的信息，成为跨文化和跨语言的新宿主。

根据 Chesterman 教授的观点，翻译活动就是通过语言模因进行复制和传播的过程。模因的传播过程对翻译构成影响。影响网络流行语成功英译的三个干扰因素，主要包括客观因素——译者在同化和表达阶段产生的翻译干扰；主观因素——读者在传播阶段产生的翻译干扰；模因本身因素——

模因在记忆阶段产生的翻译干扰。

一、客观因素

网络流行语要实现跨文化、跨时空的模因复制与传播，成为强势模因，首先取决于译者对网络流行语在同化阶段的正确解码和在表达阶段的适当转码。只有译者通晓网络流行语的涵义和其中包含的源语信息，才能对其进行正确的解码。同时在翻译中，译文的表达是关键，因为只有具有吸引力的表达（即译文），才能抓住译文读者的注意力，给译文读者留下深刻的印象，才能通过翻译得以传播，原文模因才能延续它的生命，也才能保持它的长久性。译者还应精通英语语言模因，那么经过译者转码的语言模因新载体才能被读者所接受，从而感染读者继续传播。

在同化阶段，译者必须理解网络流行语（源语模因）所包含的文化模因，在大脑中搜索相关的英语表达方式，同时用英语对源语模因进行解码。作为该文本中所包含的异国文化模因的一个中间人，译者在翻译的时候，第一步的解码过程一定要准确，否则可能造成贻笑大方的翻译失误。如在网络流行语中，"狗仔队"不是"小狗的队伍"（doggie team），而是"专门偷拍或挖掘名人隐私的摄影师或记者"（paparazzi）；"表哥"不是"姑姑、姨妈或舅舅的子女中比自己年长的男性，即"表兄"（cousin），而是"平日里戴有多块进口名贵手表的公务员"（an official wearing an expensive watch）；"光盘"不是"一种存储信息的介质"（CD），而是"吃光盘中饭菜，代表倡导厉行节约、反对铺张浪费的行动"（clear your plate'campaign）等。在表达阶段，译者要结合具体语境，恰当估量其他宿主即读者的认知能力，对源语模因进行正确的重新编码，使其被译文读者所接受。由于网络流行语是一个模因综合体，包含了语言表现形式和目的语文化等信息，译者应通晓英语语言和文化，减少由中文转化为英文的文化冲突，尽可能使两者在意义与文化方面实现对等。

二、主观因素

在传播阶段，英语国家的读者对译者转换过的网络流行语进行解码，理解源语文本的信息，得到与源语读者相似的感受，成为跨越了语言、文化和社会的新模因复合体的新宿主，那么网络流行语的英译就能够形成强势模因，从而进入下一轮的复制和传播，被更多的人接受。在网络流行语模因的传播过程中，英语国家的读者占据着十分重要的地位。读者受当时社会背景的影响，存在一定的翻译期待。所以，译者才会选择"合适"的但不一定是"最好"的翻译。有些网络流行语刚开始因文化差异不能被英语国家读者理解，得不到广泛迅速的传播，还是弱模因。但随着中国对外文化交流的促进、综合国力的增强，英语国家读者对中国的语言文化越来越熟悉，某些弱模因在读者的思想或记忆中激活，又有机会得到广泛传播，成为强模因。比如"山寨"一词的涵义就是"模仿，廉价，草根"，如"山寨明星""山寨电影"等。"山寨"一词刚开始译作"keep it in real fake"。随着这个词慢慢被英语读者所熟知，就可以直接译为 shanzhai（copycat）。类似的还有"不作死就不会死"，意思是"不要没事找事，不然自找麻烦"。2014 年，该网络流行语被美国在线汉语词典《城市词典》收录，官方英译法为"no zuo no die"（you won't get into trouble unless you ask for it）。"中国大妈"代指抓住黄金暴跌时间抢购黄金程度堪比疯狂的中国中年妇女。"大妈"一词官方译法便直接以中文拼音"dama"音译而来。另外，tuhao（土豪）、guanggun（光棍）、dia（嗲）等词也被收录至《牛津英语词典》，这说明国外读者已经能接受这些词的译法。

三、模因本身因素

随着互联网的发展，各种网络新词不断涌现，大部分流行语在产生之初都带着鲜明强烈的特色，给人耳目一新之感，但随着时间的推移，有一部分由于被重复使用，失去了生命力，沦为陈腔滥调，也就是弱势模因。在记忆阶段，特定的网络流行语，不论单词、短语还是句子，由于其显著的特点，成为译者关注的对象。译者将其纳入认知系统中，储存于自己的记忆中。网络流行语模因必须在译者的记忆中停留一段时间。停留的时间越长，其感染宿主（译者）的可能性越大，越具有生命力及传播性。此外，记忆的保留是有选择性的，重复次数越多，越容易被译者记住并传播。新词语的传播方式分为基因型和表现型。如前所述，在传播过程中，有些翻译模因由于不能得到普遍接受而消亡；另一些翻译模因则流行一时而最终被新的模因集合所取代；还有一些模因却具有很强的生命力，从而得以生存和发展。比如 2009 年，一个名为"贾君鹏，你妈妈喊你回家吃饭"的帖子被众多网友浏览并迅速传播，成为当时的网络流行语。随后出现了英语版"JiaJunPeng, your mother is calling you to go home for dinner"，但该流行语仅在 2009 年的某段时间被使用过，不久人们就很少提起了。类似的还有"十动然拒"（Being deeply moved, but still reject a person）、犀利哥（Brother Sharp）、"不明觉厉"（Though don't quite get it, they still think it's terrific）。网络语言中，只有强势模因才能被译者记住并且传播。而网络流行语要成为强势模因，在跨文化语境中传播得快而长久，必须具备复制能力强、传播范围广、存活时间长等特点。具体来说，就是网络流行语要成为强势模因，必须具备简约时尚、形象生动、容易记忆等特点，这样才可能被进一步传播。

第三节　基于模因论的网络流行语英译方法

网络流行翻译的目的是创造强势模因。正如奈达所说的"Translation is translating meaning"（翻译即译意），源语模因所包含的内容、信息必须在目的语中表达出来。因此，翻译只能是模因基因型传播，而不能是表现型传播。模因基因型的翻译意味着源语应以一种内容相同、形式各异的方式转化为目标语。网络流行语翻译首先要遵守这一翻译宗旨。模因基因型以传递信息内容为主，可分为同型传递、异型传递和同异型结合传递三种形式，那么网络流行语的模因翻译也可以相应地选择多种英译策略：音译、直译、意译、混合译和注释译等。

一、同形传递——直译、音译

同一信息在复制和传播过程的表现形式一样称为同形传递。同一个意思，用不同的语言在形式和语义上有基本相同的表达法，这时可以采用直译的方法。直译指的是在保持原文内容、形式和结构的条件下，将源语言直接翻译成目标语。直译可以最大程度地重现原语信息，促进等值传播。例如秒杀（seckilling/instant killing）。"秒杀"，原是电脑游戏中的名词，指在玩家 PK 或和怪物打斗时，对方过于强大，在玩家没有还手，没有逃跑余地的情况下，被"瞬间击杀"。富二代（the rich secondgeneration/the second-generation rich），简单地说他们是"富一代"的子女。"富一代"是改革开放后首先富起来的一批民营企业家，他们的子女大多在 20 世纪 80 年代出生，生活条件优越，接受过良好的教育，拥有丰富的社会资源。类似的群体还有"贫二代"（the poor-generation second）。"给力"一词的英译"gelivable"既传神地表达了"给以力量""加油"之意，又巧妙地与汉语的发音类似，从音、意方面最大限度地复制了源语模因。类似的例子还有"点赞"（like）、"正能量"（positive energy）、"凤凰男"（phoenix man）、"忽悠"（fool you）、"有钱任性"（A rich man is absolutely capricious/willful）、"逆袭"（counteroffensive/counterattack）、"广场舞"（open-air fitness dancing）、"孩奴"（chlid's slave）、"蚁族"（ant tribe）、"富二代"（rich second generation）、"发帖子"（post a new topic）、"空巢老人"（empty nest elderly）、"团购"（group buying）、"草根"（grass root）、"裸婚"（naked wedding）等。对于源语中所特有的文化现象，而目标语中又没有与之相对应的表达，这时音译就是一个比较好的诠释方法，起到了很好的调和作用。现实中有的词只有我们国家才有，而外国是没有这个词的，译者又找不到与之相对应的词汇或表达，所以音译是解决此类问题一个很好的方法，例如"有才华"（you-cai-flower）。音译是把源语的音翻译成发音相近或相同的语言，如"屌丝"音译为"diaosi"、"折腾"音译为"zheteng"等。

二、异形传递——意译

表达同一信息的模因在复制和传播过程的表现形式不一样，称为异形传递。同一个意思，用不同的语言有不同的表达法。在模因传播时，需要用不同的形式来表达同一个语义，这时就要采用意译的方法。意译是指不作逐字逐句的翻译，而是根据原文的大意来进行翻译。意译可以帮助英语国家读者理解陌生的模因，准确理解汉语网络流行语中包含的文本信息，实现相同信息的异形传递。更多的词汇通过英汉对比，找不到字面与之相对应的词汇，所以不得不采用意译的方法。例如"腹黑"（scheming）、"悲催"（a tear-inducing misery）、"坑爹"（thereverse of one's expectation）、"伤不起"（vulnerable；beprone to getting hurt）、"吐槽"（disclose one's secret）。类似的还有"人生是张茶几，上面放满了杯具"，本句中"杯具"是"悲剧"的谐音，既指"茶杯等器具"，又暗喻"悲剧"，有一语双关的作用。翻译时由于在英语中无法找到与之相对应的词句，只能意译为"Life is like a shoe cabinet, where filled with buskins"。类似的还有"躺枪"，暗指无辜、受牵连之意，如直译为"lying in the gun"，容易让外国读者误解，可意译为"innocent"。"吓死宝宝了"是"吓死我了"的意思，网民用"宝宝"指代自己，有一种卖萌的意味，说明自己很可爱，可译成"I'm scared to death"或者说"It scared my pants off"。类似的翻译还有"逗比"（funny jesger）、"枪手"（proxy examinee）、"人艰不拆"（life is so hard, don't hurt me with the truth）、"潮人"（trendsetter）、"拉风"（eye-catching）、"房奴"（mortgage slave）、"神马都是浮云"（Every thing is just a flash in the pan）、"打酱油"（I'm just passing by）等。

三、同异形混合传递——混合译、注释译

网络流行语蕴含有丰富的时代背景，如果采用直译的方法，会使

外国读者感到一头雾水，但如果采用意译的方法，又不能使国外读者产生与国内读者读后相似的感受。这时译者可以将直译与意译结合使用。例如 Vegeteal 这个词是由 vegetable（蔬菜）和 steal（偷）两个词组合而成的，为中国网友自创的英文词汇。还有"笑而不语"（smilence, smile+silence）、"男人天性"（animale, animal+male）、"给力"（geilivable）、"不给力"（ungeilivable）、"微博"（micro-blog）。除此之外，有些网络流行语无法只通过字面准确无误地翻译，这时不仅要按字面直译出来，要理解其中的真正含义，而且要作出必要的注释，以诠释其含义。比如"裸捐"（all-out donation）。比尔·盖茨与陈光标裸捐，指把特定范围的个人资产全部捐出。全球首富比尔·盖茨在宣布退休时，将 580 亿美元的个人资产全部捐给自己和妻子名下的基金会，创造了"裸捐"之最。在直译后，还要说明 donate all the money that he owns。除此之外，近几年涌现出来的"裸"词汇还有"裸婚"（naked wedding; get married without any ceremony, dinner party or honeymoon travel），指不买房，不买车，不办婚礼，不买婚戒，直接登记结婚的节俭的结婚方式。还有"裸官"（naked official）和"裸考"（non-prepared exam）等。

注释译能够弥补单独使用直译和意译的不足。例如"凤凰男"译为"phoenix men (a group of people who grew up in urban areas and study hard in order to struggle for a good life in the metropolis)"，"土豪"译为"tuhao (wealthy but not very knowledge)"，"萌萌哒"译为"cutie (to describe a lovely image of sb. or sth.)"，"我也是醉了"译为"I can't stand it or I can't understand it (to express the uncertainty or amazement)"等。

本章小结

网络流行语满足了人们追求速度、效益和新奇感的需要，顺应了人们求新求异的心理。语言是时代的反映，网络语言在一定程度上也是当前"网络时代"的反映，与现代人的生存方式和思维状态密切相关。随着网络的飞速发展，网络流行语必将会不断扩大其影响范围。高质量的网络流行语英译，是外国读者了解中国文化和价值观的窗口。研究网络流行语英译，在向外宣传我国文化和社会价值观、帮助外国人了解中国网络文学、提高翻译水平等方面有着重要意义和指导作用。同时还可以将研究成果进一步深入推广到大学英语和英语专业的翻译教学中，为学生的学习和科研活动开拓一个全新的视角。本章通过研究汉语网络流行语的特征，从模因机制的角度分析了影响其成功英译的三个干扰因素，并提出了相应的翻译策略和方法。当然这只是针对网络流行语英译的一个大胆的尝试，许多方面还值得深入思考，比如模因复制传播机制对英译的影响程度，对表现型模因的英译策略等。相信随着研究的深入，此类问题一定能够得到完美解决。

（本章部分内容以《网络流行语中模因机制产生的英译干扰研究》为题，刊载于《普洱学院学报》社会科学版 2018 年第 1 期。）

本章主要参考文献：

［1］安乐天 . 网络流行语：一种暗含力量的模因符号［J］. 电化教育研究，2012，33（2）:20–25.

［2］白娜 . 浅谈模因复制的阶段性对翻译的影响［J］. 经营管理者，2015（11）:371.

［3］蔡爱春，谭晖 . 从跨文化视角看汉语网络流行语的英译［J］. 湖南城市学院学报，2013（2）:94–97.

［4］黎昌友 . 网络谐音流行语的生成渠道及特点［J］. 广西社会科学，2009（2）:114–116.

［5］李应强 . 模因论视角下的网络流行语翻译策略探析［J］. 牡丹江大学学报，2015（4）:143–145.

［6］刘爱苹 . 网络流行语的由来、特征及翻译策略分析［J］. 边疆经济与文化，2012（10）:145–146.

［7］刘彦仕 . 模因论观照下的流行热词以及英译策略解析［J］. 绥化学院学报，2012（4）:136–138.

［8］石蕊.模因论视角下汉语网络流行语英译分析及策略研究［D］.沈阳：沈阳师范大学，2013.

［9］万莉，张倩.模因论视角下汉语网络流行语的英译研究［J］.吉林省教育学院学报，2016（6）:166-168.

［10］王雪瑜.翻译模因论探析［J］.福州大学学报（哲学社会科学版），2010（1）:74-78.

［11］许玉雯.从读者反应论视阈看文化层面的汉语网络流行语英译［D］.福州：福建师范大学，2015.

［12］徐朝晖.当代流行语研究［M］.广州：暨南大学出版社，2013.

［13］叶苗.应用翻译语用观研究［M］.上海：上海交通大学出版社，2009.

第五章　茶叶商标翻译

中国是茶的故乡。悠久的产茶历史、适宜的生态环境、丰富多彩的茶树品种和精湛的茶叶加工工艺，这一切造就了大量优质的茶叶出口商品。然而到目前为止，中国茶企还没有打造出一批具有全球知名度的茶叶品牌。这与中国茶叶缺乏吸引外国消费者眼球的英语商标有直接关系。在国际市场上，有些茶叶商标英译名没有体现出茶叶的物理特性和文化内涵，造成了外国消费者的认知障碍。同时，同一品类茶叶商标有不同的英译名，极易被外国客户误认为是不同商品。这些问题都极大地制约了我国茶产业的发展和茶文化的传播。因此，遵循模因传播规律，强化茶叶商标英译名的强势模因形成，是改进当前茶名英译混乱局面的重要举措。本章试图从模因论的视角分析茶叶商标英译的实质，包括探究茶叶商标的模因传播过程和传播方式，在此基础上提出影响茶叶商标模因在不同文化间成功传播的关键因素和茶叶商标的英译方法，旨在提高茶叶商标的英译质量，促进中国茶文化在国外的有效传播。

第一节　中文茶叶商标的命名方式

在茶叶商标的英译实践中，译者必须对中文茶叶商标的命名方式有透彻的了解。中文茶叶商标的命名目的是宣传茶叶产品，提高知名度，促进营销活动。因此中文茶叶商标一般由简洁生动、朗朗上口的字词和短语构成，并且通常含有描述性特征，令人一见其名，便能对茶叶的产地、历史、加工工艺技术、品质特征等信息略知一二。除此之外，有些中文茶叶商标文雅优美，想象力丰富，蕴含了中国特有的历史背景和深厚的文化底蕴，体现出中华民族独特的审美情趣。

一、根据茶叶产地命名

以茶叶产地冠名能够凸显茶叶的原产地和特定质量，是茶叶商标的主要命名方式之一。其中，有的茶叶商标根据产地山水命名，如台湾的冻顶茶，以原产地南投鹿谷乡的冻顶山命名。再如宁波的瀑布仙茗，由风光秀美的瀑布泉而得名。类似的还有灵岩剑峰、余杭径山茶、桂平西山茶等。有的茶叶商标根据名胜古迹命名，如惠明茶得名自产地浙江景宁县的惠明寺。有的茶叶商标根据原产地行政名或地名简称命名，如西湖龙井产于浙江杭州西湖龙井村一带，类似的还有普洱茶、滇红等。

二、根据茶叶品质和特征命名

茶叶商标中有很大一部分是以茶叶的品质特征命名的。有的茶叶商标形容茶的形状，如眉茶，外形犹如眉形；珠茶，外形呈珠状；还有蟠毫、竹叶青，分别因为状如蟠龙和竹叶而得名。有的形容干茶和茶汤颜色，如白毛茶，因茶芽毫毛银白如雪而得名；黄茶，因汤色是浅黄色而命名。有的形容茶的香气与滋味，如反映茶香特点的十里香、三杯香、水仙等，反映茶滋味特点的苦茶、甘露、岩茶等。有的形容茶的功效，如回春茶、减肥茶、清火茶、降压茶等。有的形容茶树品种，如梅占、铁观音、奇兰、乌龙、毛蟹等。还有的茶名综合反映茶的形状、颜色等多种特点，如翠芽、银峰、玉针、碧螺春等。

三、根据茶叶采制特点命名

为了突出茶叶采制方面的特点，体现茶的嫩度与质量，许多茶叶商标根据茶叶的采制特点命名。有的茶叶商标根据采摘茶树鲜叶的时间和季节命名，如明前，因在清明节之前采制而得名。类似的还有春蕊、春尖、明前、雨前等。有的以制茶工艺命名，如工夫茶，因制工精细而得名，除此之外还有炒青、蒸青、烘青、晒青、小种等。

四、以人文知识命名

许多茶叶商标来自美妙动人的历史典故、人物传说和风俗，如文君茶产于四川邛崃，西汉文学家司马相如与卓文君"当炉卖酒"的故事就发生在这里。沫若香茗是为纪念文学家、历史学家郭沫若而命名的。类似的还有大红袍、铁观音、太平猴魁、文公银毫等。

五、综合几种特点的混合命名

为区别各地产品，有些茶叶商标以前冠地名，后接专名的形式命名。地名反映产地，专名反映茶的特点。具体可分为以下几种方式：① 以地名加主要品质特征命名，如六安瓜片、安化松针、信阳毛尖、四川方包茶、湖北老青砖等。②以地名加茶叶制法命名，如炒青绿茶中有婺绿、屯绿、杭绿等。③ 以地名加茶树的植物学名称命名，如西湖龙井、台湾乌龙、闽北水仙等。④以地名加联想命名，如敬亭绿雪、庐山云雾、黄山毛峰、高桥银峰等。

第二节 模因论在茶叶商标英译中的应用

一、模因的定义和特性对茶叶商标英译的启示

中国茶叶名称翻译的目的在于将负载着这一名称的产品打入目的语市场，使之被目的语消费者所了解、认可、接受并传播，扩大该产品的国际知名度，获取更大的经济效益。茶叶商标包含的语言文化信息能通过英译

进行复制和传播，因而具有模因的特征。既然模因的本质特性是在传播中尽可能完全地复制自己，那么茶叶商标英译的意义不仅仅在于向外国消费者介绍中国茶叶，还包括向外传播茶叶背后所蕴含的茶文化和中华文化。这要求茶叶商标的英译名要从语言、文化、风格、语用意义和语言结构等方面尽量和茶叶商标中文名保持一致。同时茶叶商标英译名要想在众多茶叶商标的竞争中脱颖而出，必须具备时尚性、实用性、新颖性、感染性和意义可理解性。不规范的翻译难以具备这四个特点，因而也只能由于不能得到普遍接受而消亡。只有那些能够引起高度真实而又长期保存记忆的翻译模因才具有很强的生命力，从而得以生存和发展，为世界所广泛接受。例如，"乌龙茶"最初有三个译名："Oolong""Black tea congou"和"Black dragon"，但在传播过程中，后两个译名因为冗长拗口和容易引起文化歧义而成为弱势模因并逐渐消失了。第一个译名却因简洁生动、便于记忆，在竞争中脱颖而出，成为强势模因而得到外国消费者的广泛认同。中国许多名茶就是通过这样的模因发展进入世界多元文化的宝库，例如除了中国乌龙茶"oolong"以外，龙井茶的译名"Longjing"就已经被广泛认同。类似的翻译模因将为目标语注入具有中国文化韵味的新鲜血液（马萧，2005）。这进一步说明优质的翻译是中国文化在世界多元文化中得以生存、发展和增值的决定因素之一。借助恰当的翻译策略，对品牌名称源语模因予以巧妙编码，使之在目的语产品使用者中得到高保真的复制与传播，还会加快该产品知名度的提升，因为在模因形成过程中，人们不仅估价和确定文化的本来价值，还会增殖和繁衍出新的文化意义（郑龙云，2004）。因此，茶名的翻译过程也是具有文化传承和延伸意义的。

二、模因的翻译过程对茶叶商标英译的启示

茶叶商标的英译过程实质上是将茶文化模因传播到英语世界的跨文化复制传播过程。模因论视阈下茶叶商标英译是按下述流程进行的：译者受到汉语茶叶商标的感染，理解并接受茶叶商标中的文化信息，并对茶叶商标模因进行解码（同化阶段）。茶叶商标中的模因和模因复合体在译者

脑海中停留一段时间（记忆阶段）。译者用英语对茶叶商标里的模因进行重新编码并通过适当形式表达出来（表达阶段）。英语国家的消费者接触到茶叶商标模因，被其吸引，并通过话语、动作、交际等将其在西方社会中传播出去（传播阶段）。茶叶商标的英译和文化密切相关，它是一种跨文化交际行为。茶名英译既要考虑到语言，价值观念，物质文明程度，外国人的文化、历史、风俗等因素，又要反映出中国茶文化的特点以及它所蕴含的情趣。但是，由于中华文化中有与外族文化不同的特点茶叶商标英译中存在翻译不对等现象，这样易产生"文化空白"或"文化空缺"，很容易造成误解，因此很难将中国茶原有的风韵准确地传达给外国友人。学者柳菁认为："茶名翻译的难点在于用目的语读者能接受的语言尽可能全面地传播茶名中所体现的含义、美感及文化内涵。如果只表达字面含义而忽略了文化内涵，译文将会比较肤浅；若只注重文化内涵，不考虑字面含义，又会增加读者的阅读困难，进一步影响到茶文化的传播"（柳菁，2014）。因此在茶叶商标英译过程中，译者所起的作用非常关键。译者要站在中文读者的角度，分析理解茶叶商标的命名方式和其中所蕴含的茶学、语言学、美学等信息。译者还要站在外国消费者的角度，根据他们的认知环境，筛选出能激发他们购买欲望的信息。另外，译者要采用准确的目标语和选择合适的英译策略将茶叶商标"形神兼备"地巧妙编码，使其文化和理念模因得到传播。只有做到以上几点，茶叶商标英译名才能感染外国消费者并有效地传播开去。

三、模因传播方式对茶叶商标英译的启示

（一）模因的同型同义传播——直译和音译

理想的茶叶商标英译应该是模因的同型同义传递，即茶叶商标的中文和英译在内容和形式上都完全对等。这种类型的传播方式等效度最高，效果最好。当某种表达方式在英汉两种语言中能找到相应的模因，可以对不同国家的宿主产生相似的感染时，可以选择同型同义直接传递的翻译方法，

即直译和音译。

直译是将茶叶商标用相同含义的英语单词——对应地译出。这种翻译方法忠于原文，直接传达原义，能产生等值的模因传播效果，适用于中英文有对应认知语境的茶叶商标英译。例如，绿茶 Green tea、黄茶 Yellow tea、白茶 White tea、肉桂 Cassia tea、绿片 Green flake、佛手 Finger citron 等。

但是不是所有的茶叶商标都适合直译，有些茶叶商标以地名命名或极具民族特色的茶叶商标，直译会让外国友人摸不着头脑，产生误会，甚至阻碍中国茶文化的国际化进程。这时就可以采用音译的方法。音译是用全国统一的普通话或约定俗成的发音标音并在后面加 tea 或 cha 的翻译方式。这种翻译方法能产生近似于等值的模因传播效果。黑茶是被大家所熟知并喜爱的中国六大茶类之一，该茶中的"黑"在英文中的对应词为"black"，但是"black tea"的译名是"红茶"，因此黑茶便被翻译成"dark tea"。这一译名让黑茶黯然失色，也使外国友人陷入对黑茶的认知误区。黑茶是中国特有的一种茶类，它的原料一般比较粗老，茶色为油黑或黑褐色。黑茶具有"外形粗黑，陈香味厚"的特点，冲泡后的茶汤色泽近于深红，滋味纯和不涩。但是"dark"的意思是"暗，黑的，（颜色）深的；（皮肤等）微黑的；深色的；模糊的；无知的；阴晴的；阴郁的"，然而黑茶不应该被理解为"黑暗的、不洁净的茶"。但译文"dark tea"容易让人误解为粗制滥造，质量不精，所以将"黑茶"翻译为"dark tea"不能真实表现黑茶的内在品质特点，反而会使黑茶在国际市场的优势与潜力受到巨大影响。"黑茶"可以翻译成具有中国特色的译名"Hei Cha"，既然两方能接受中国传统文化"功夫"的译名"Kongfu"，我们也期待"Hei Cha"这种译法被西方接受。类似的还有大红袍 Dahongpao tea、工夫茶 Congou、武夷岩茶 Wuyi rock tea 等。值得注意的是，在传播初始，有些模因由于陌生不能立即感染消费者，但随着中国茶叶品牌在外国市场的广泛传播，消费者对中国茶叶商标日渐熟悉，就可以去掉 tea/cha 或注释。这方面典型的例子有龙井 Longjing、碧螺春 Biluochun、普洱 Pu'er，乌龙 Oolong 等。

（二）模因的异型同义传播——意译和混合译

但大多数情况下，茶叶商标中英文在语义和语用上不一定是完全对等的关系。这时茶叶商标英译应该是以模因的异型同义传递或同异型结合传递为主，即茶叶商标的中文和英语在形式上不一样，但表达同一个语义。这种类型的传播方式意味着中文茶叶商标向英文茶叶商标转化是一种语言信息的等值或等效的传播，对应的翻译方法为意译和混合译。

因为中西方文化存在诸多差异，在翻译过程中这些差异又容易被忽视，直译或音译的方法往往引起误解。意译是根据茶叶名包含的茶叶功能和特征来翻译的方法，适用于翻译中西方语言文化差异较大、容易引起外国消费者误解甚至反感的茶叶商标。例如中国传统文化注重家庭和统一，并把红色视为吉祥，这在茶名中也有体现，如"大红袍"；而西方文化看重未来和独立。中国有着悠久的"龙文化"，"龙"在中国文化里代表了至高无上的尊贵和权利，所以茶名中也常有龙的影子，比如以龙命名的"龙虎斗""龙井茶"等；而在西方文化中龙则是一种怪物，是邪恶的象征。由于中西消费者对"龙"的认知和联想不同，显然将"龙井"直译成"Dragon well"是不妥的。有些中文茶叶名是以煮茶过程中的水声来命名的，比如"泠泠""瑟瑟"。由于中英语言结构和发音方式的区别，中外消费者对声音的理解也存在差异，音译并不能传递中文茶叶包含的茶道之美，而意译着重传达这种声音带给人的感觉，有利于英语国家消费者的理解。因此，"泠泠"可以翻译为"Crystal clear"，"瑟瑟"则翻译为"Chant and cheer"。而对于"绿髓""金饼""雨露"和"琼液"等具有文学色彩的茶叶名，翻译时应突出实质意义，可分别意译为"Green cream""Golden tea cake""Jade-green tea"和"Tea sap"。混合译是一种音译加意译注释的翻译方法。这种方法结合了两种翻译方法的优点，使消费者在认读茶叶名时既能感知中文的读音，又能全面了解茶叶名包含的茶叶特征和文化内涵，从而激发他们的购买欲望。例如，"庐山云雾""太平猴魁""银丝水芽"等含有地名或富有特色的茶叶商标可分别英译为 Lushan yunwu tea

（Lushan cloud mist）、Taiping houkui tea（Taiping monkey king）和 Yinsi Shuiya（Silver silly juicy bud）。"虾须""雀舌""麦颗"等以形状命名的茶叶可分别译为 Xiaxu（Shrimp whisker）、Queshe（Sparrow tongue）、Maike（Wheat grain）。

（三）模因的同型异义传播——约定俗成译和略译

对于那些内嵌含义丰富的中国茶叶商标，其模因传播方式为基因型传播，这意味着信息从汉语到英语的转化过程是一种非对等的横向复制和扩散。这时译出语脱离原文的外壳，根据具体情况灵活处理。如"红茶"在英语中并不是翻译为 red tea，而是约定俗成译为 black tea，因为红茶在中文中是以泡出的茶汤颜色命名的，而在英语中是以茶叶颜色命名的。还有"工夫茶"，一般译作"Gongfu tea"。中国的工夫茶是指制作这种茶要花较长的时间，与外国人认知中的中国功夫没有关系。但鉴于中国功夫在国际上拥有广泛的知名度，选用这种英译名虽然会造成某种误解，但有利于茶叶商标的推广。这种情况下，采用约定俗成的翻译方法能促进模因的有效传播。而略译适用于以历史典故、人物传说和风俗命名的中国茶叶商标，因为此类商标中包含中国特有的文化和历史模因，容易造成外国消费者认知上的误解，需要译者根据具体情况对此类茶叶商标中的模因进行增值或删减。例如前文所述的"沫若香茗"，这个茶名的隐含意义比较复杂，单靠几个英文单词无法在茶名中解释出来，翻译时就可以忽略其中的隐含意义。

第三节 基于模因论的茶叶商标英译规范

我国传统文化走向世界面临的一个共同问题就是相关的专业术语不统一、翻译五花八门，使人们对译名产生困惑。我国茶叶产区分布较广，茶叶种类繁多，但是由于长期对茶叶商标翻译的忽视，加之我国茶产业领域也没有制定相关的统一翻译原则，茶名的翻译就出现了许多问题。如在茶名英译中对是否使用"Tea"未达成统一，有的译名中使用"Tea"，而有的译名中未使用"Tea"。混乱的品牌及标准造成了我国茶叶的商标翻译也存在着不统一的混乱情况。例如仅"铁观音"这一福建名茶在出口贸易中存在数十种不同的翻译名称：如 Iron goddess、Tie Guanyin、Iron Buddha 等。这种不统一的翻译问题极大地削弱了我国茶叶的品牌认知度和竞争力，影响了茶叶出口的发展和质量。这些翻译导致译名意义模糊不清。芬兰学者切斯特曼（Chesterman，1997）在《翻译的模因》中阐明，语言模因形成的原因主要有四点：实用性、合理性、时尚性和权威性。只有具备这一范式特征的语言才有被传播进而被复制的可能。实用性达不到被社会大众所接受程度的语言就构不成模因，模因得以顺利传播需要经过同化、记忆、表达和传播四个阶段。产品名称翻译同样遵循这样一个过程，在每个阶段都有一些不规范的翻译被淘汰，最终无缘于跨文化传播。传播学理论也认为，如果一个领域的基本术语概念含混不清，期待中的传播便无从谈起。

一、根据国际惯例统一茶叶商标的翻译标准

当前，茶叶商标的国际翻译准则一般要求商标能最大程度地吸引国际茶叶消费者，分辨茶叶产品，宣传茶叶功效，所以茶叶的商标翻译必须具备内涵充实、准确易记、悦耳优美的特点，才能激发茶叶消费者的兴趣，实现营销的目的。鉴于我国茶叶商标翻译及命名的混乱情况，茶叶企业必须能在我国茶叶产品名称上制定统一标准，实现翻译的标准化，让顾客明白所购买茶叶的具体类别及性质。茶叶企业可将茶叶商标翻译按照国际惯例分为两个主要类别，包括以红茶、普洱茶、乌龙茶等为主的"发酵类茶叶"（Fermented tea）和以绿茶为主的"非发酵类茶"。在茶叶大类商标翻译的基础上，可以再细分茶叶种类，如"绿茶"在统一翻译为"Green tea"的基础上，分为"粉末（powder）""蒸青（steamed）""银针（silver needle）""原型（lightly rubbed）"等八大类绿茶，这样可以在茶叶贸易或文化交际中实现茶叶商标的统一命名或翻译，使商标形成统一的文化标志或语言标准，当然这需要我国政府及茶叶企业在茶叶翻译的标准上共同

努力，促进茶叶及茶文化的世界化发展。

二、强化品牌名称翻译优质模因的形成

统一相关术语是一项艰难繁重的工作，这一任务还需要靠我国相关茶文化专家与外语专家共同努力、合作，商讨茶文化相关术语译本，并规定相关标准，以促进茶文化的对外有效传播。因此，遵循模因传播规律、强化品牌名称翻译优质模因的形成是改进目前商品流通中问题的重要措施。我们有必要在对外贸易和翻译领域提出茶叶及相关商品的翻译准则，结合约定俗成的原茶名译法，制定出包含两岸在内的业内人士认可的科学系统的命名方法，尽量做到严格一致，使茶名的翻译既有原则可循，又有方法可依。根据汉语专有名词英译的原则，本研究提议：在开始阶段可用汉语拼音加括号中意译的原则，地名全部音译，包括"黄山""庐山"等，待到音译名称已成为翻译模因后，括号中的意译诠释可慢慢省略。如"黄山毛峰"译为"Huangshan maofeng（Huangshan Fuzz Peak）"，"庐山云雾"译为"Lushan yunwu（Lushan Cloud Mist）"，"信阳毛尖"译为"Xinyang maojian（Xinyang Fuzz Tip）"，"太平猴魁"译为"Taiping houkui（Taiping Monkey King）"，"六安瓜片"译为"Lu'an guapian（Lu'an Lemon Slice）"，"霍山黄芽"译为"Huoshan huangya（Huoshan Yellow Bud）"，"湄潭翠芽"译为"Meitan cuiya（Meitan Green Shoot）"。

对于所有汉字都有意义的茶名，则根据汉语拼音加括号意译所有的字，如"熟火乌龙"译为"Shuhuo wulong（Roasted Oolong Tea）"，"老君玉露"译为"Laojun yulu（Long Brow Jade Dew）"，"白牡丹"译为"Bai mudan（White Peony）"，"水仙茶"译为"Suixian Cha（Narcissus Tea）"，"佛手茶"译为"Foshou Cha（Finger Citron Tea）"等。许多早已闻名遐迩的中国茶，如国外普通的消费者都很熟悉的"龙井""碧螺春"，可以就用全国统一的普通话标音，结合已约定俗称的拼法，沿用"Longjing""Biluochun"。

如果我们能在国际市场中推行并使用规范的品牌译名，努力使这些茶名具备能够引起高度注意而又便于记忆的品质，它们便可感染新的"宿主"，

被他们理解、珍惜和和接纳，引发同化反应，从而进入他们的记忆，逐渐发展成定型的有效模因，而优质模因的形成能相应提高茶叶产品在国际市场的竞争力。这样，茶叶名称模因便可以得到传播，产品名称源语与目的语两大文化领域之间的有效交流与沟通便得以实现。

本章小结

　　茶叶作为商品，它的英译名是产品整体概念的一个组成部分。茶叶品名在国际市场流通中统一、规范的翻译是培植强势模因的首要条件，这样的翻译模因不仅可以加速茶名的复制与传播，提高中国茗茶的品牌效益，又有利于中华文化的弘扬，形成相互交融增值的正态循环。茶叶商标的英译过程是强势模因的生成过程，而模因传播过程和传播方式对茶叶商标的英译也有较强的解释力。模因论为茶叶商标的英译提供了崭新的视角。至于何时采用何种翻译方法，则需要译者根据具体情况加以判断。总之，遵循模因翻译传播规律，能保证茶叶产品在国际市场流传的广度和持久性，从而实现经济文化的双重功能。

　　（本章部分内容以《模因论视阈下茶叶商标的英译研究》为题，刊载于北大中文核心期刊《福建茶叶》2017 年第 12 期。）

参考文献

　　［1］何自然.语言中的模因［J］.语言科学，2005（6）:54–64.

　　［2］F Heylighen. Selfish Memes and the evolution of cooperation［J］.Journal of Ideas，1992，2（4）：77 –84.

　　［3］李展.数字化时代的口语传播：理论、方法与实践——第一届海峡两岸口语传播学术研讨会论文集［M］.厦门：厦门大学出版社，2014.

　　［4］莫爱屏.语用与翻译［M］.北京：高等教育出版社，2010：175–177.

　　［5］Richard Dawkins. The Selfish Gene［M］.Oxford: Oxford University Press，1976.

［6］苏宝英.浅析茶叶名字英译的影响因素及翻译研究［J］.福建茶叶，2016（10）:241–242.

［7］Susan Blackmore. The Meme Machine［M］.Oxford: Oxford University Press，1999：55.

［8］徐晓村.中国茶文化［M］.北京：中国农业大学出版社，2005：41.

［9］尹丕安.模因论与翻译的归化和异化［J］.西安外国语学院学报，2006（1）:39–42.

［10］曾文雄.语用学翻译研究［M］.武汉：武汉大学出版社，2007：162–167.

［11］朱世英等.中国茶文化大辞典［M］.上海：汉语大词典出版社，2002：1.

［12］庄小燕.茶叶名称英译中的语用关联分析［J］.福建茶叶，2017（2）:407–408.

第六章　中餐菜名翻译

　　中餐菜肴品种繁多，内涵丰富，折射出中国博大精深的饮食文化，但也给英译工作增添了不少难度。目前，有些中餐的英译名没有体现其物理特性和文化内涵，导致许多海外人士在中餐菜馆就餐时的认知障碍。同时，同一品类的中餐菜名有不同的英译名，极易被外国客户误认为是不同菜品。这些问题都极大地制约了我国饮食产业的发展和饮食文化的传播。因此，遵循模因传播规律，强化中餐英译名强势模因的形成，是改进当前中餐菜名英译混乱局面的重要举措。本书试图从模因论的视角分析中餐菜名的英译过程和传播方式，并在此基础上提出中餐菜名的英译方法，旨在提高中餐菜名的英译质量，促进中华餐饮文化走向世界。

第一节　中餐菜名的命名方式

　　在翻译中餐菜名前，译者必须掌握一定的中餐菜名的命名知识。中餐菜名主要分为"写实型"与"写意型"两类。"写实型菜名"能真实地反映菜肴的主要信息，如食材、味道、形状、器具、加工方式、烹饪技术、产地等，使食客一目了然地了解菜肴的风味与特色。"写意型菜名"则以修辞、典故和传说命名等命名。此类菜名想象丰富，文辞优美，蕴含了中国特有的历史背景和深厚的文化底蕴，体现出中华民族独特的审美情趣。

下面分别列出了中餐菜名的几种常见的命名方式：

一、写实型菜名的命名方式

（一）以食材命名

中国菜取材广泛，很多菜名就直接以食材命名。这种命名方式突出了菜品本身使用的主要材料，便于食客选择菜肴，如雪菜冬笋（Fried Bamboo Shoots and Salted Pother Mustard）、杏仁鸡丁（Chicken Cubes with Almond）、牛肉豆腐（Beef with Bean curd）、西红柿炒蛋（Scrambled Egg with Tomato）、芥末鸭掌（Duck webs with Mustard Sauce）等。

（二）以描述命名

讲究色、香、味、形是中国菜的一大特色。中餐菜名主要涉及到的颜色有红、白、黑、黄、绿和翡翠色、玉色等。中国菜除酸（sour）、甜（sweet）、苦（bitter）、辣（spicy）、咸（salty）五味外，还有糖醋（sweet and sour）、麻辣（spicy and hot）、酥脆（crispy）、怪味（multi-flavored）等特殊的口感。盛放中国菜的器皿也很丰富，有砂锅、火锅、锅仔、铁板，等等。相当一部分中国菜通过对菜品的颜色、香味、口感、形状和器皿的描述来命名，从而勾起食客品尝的欲望。如红烧狮子头、红煨排骨、红油麻辣鸡、"香酥鸡"（Crisp Chicken）、"麻辣豆腐"（Spicy Bean-curd）、"酸辣汤"（Sour and Spicy Soup）、糖醋排骨、酸甜鸡、怪味鸡、臭豆腐等。

（三）以加工方式命名

以加工方式命名是中国菜名的一大特点。"加工"指做菜时不加热而使食物改变形式或产生物理变化。如将原料切片（slicing）、切丝（shredding）、捣烂（mashing）、切碎（mincing）、切丁（dicing）、切柳（filleting）、切快（cubing）、去骨（boning）、脱壳（shelling）、剥皮（skinning）、打鳞（scaling）。还可将原料凉拌、拉丝。据此，中餐菜单上就有了龙井虾仁（Shelled Shrimps with Dragon Well Green Tea）、炒鳝片（Stir-fried Eel Slices）、去骨排骨（boned pork chop）、凉拌黄瓜、白切鸡、鹿盘凉面等菜名。

（四）以烹饪技法命名

经过几千年的发展，中国菜烹饪方法多样，至少有 50～60 余种烹饪技术，常用的有油炸（frying）、煎（pan frying）、炒（stir frying）、炸（deep frying）、扒（frying and simmering）、回锅（twice cooked stir frying）、煨（simmering）、焖（stewing）、熏（smoking）、蒸（steaming）、煮（boiling）、烧（braising）、烘（baking）、烧烤（roasting）、白灼（scalding 或 blanshing）、糟（in rice wine）等。以烹饪技术命名的菜名在中国菜中占大多数，如"鸡油武昌鱼"（simmered bream fish in chicken oil）、"清蒸桂鱼"（Steamed Mandarin Fish）、"五柳蒸鱿鱼"（steamed fish with assorted pickles）、"炒猪肉丝"（stir frying Pork Slices）等。

二、写意型菜名的命名方式

（一）采用修辞手法的命名方法

采用修辞手法的命名方式，借用汉语中暗喻、借代、双关、象征、夸张等修辞手段，对菜肴某一方面的特征进行美化，使菜名饶有情趣，容易给受众留下深刻印象。

1. 暗喻型菜名

暗喻型菜名中本体和喻体同时出现，其中本体指菜肴的食材，喻体指本体的形状或颜色。为确保菜名语言的精练和结构的紧凑，本体和喻体两者之间不出现喻词。例如"杏仁豆腐"（冻粉和杏仁汁煮沸后冷冻而成豆腐）、"芙蓉鸡片"（鸡片雪白嫩滑如芙蓉）、"雪塔鱼肚"（雪白的鱼肚片分层码在盘中，形如塔）、"孔雀虾蟹"（由虾仁、蟹粉等组成，状如孔雀）、"金银蹄鸡"（蹄膀玉白如银，鸡皮微黄如金）等，类似的还有：

珍珠豆腐 Zhenzhu Tofu—Pearl-shaped tofu in chicken broth

百合酥 Baihe Shu—Lily-shaped crispy cakes

蝴蝶香酥鸡 Hudie Xiangshu Ji—Butterfly-shaped crispy chicken

松鼠黄鱼 Songshu Huangyu—Squirrel-shaped fried yellow croaker

荷花鱼肚 Hehua Yudu—Lotus-shaped steamed fish maw with minced chicken in lotus shape

2. 借代型菜名

借代型菜名不直接显示部分或全部食材名，而是用其他名称来代替，从而突出菜品某一方面的特征，例如："平地一声雷"（将汤汁浇在刚炸透的锅巴上发出清脆的炸响）、"雪里藏珠"（鲁菜：面粉炸鸽蛋）、"鞭打绣球"（鳝鱼烧肉丸）、"红嘴绿鹦哥"（清炒菠菜——根红如喙，茎绿如羽）、"翡翠鱼翅"中"翡翠"实为青菜、"泥鳅钻沙"（羊肉丝炒羊肉末）、"珍珠翡翠白玉丝"（小白菜、青豆、豆腐条），类似的还有：

蚂蚁上树 Sauteed Vermicelli with Spicy Minced Pork

白玉蒸扇贝 Steamed Scallops with Tofu

松鼠鳜鱼 Sweet and Sour Mandarin Fish

3. 双关型菜名

双关型菜名利用词语的音义关系，用同一词语关涉两种不同的事物，主要作用是寄托人们美好的希望，比如"发财好市"是广东人新春佳节喜欢吃一道菜，因为"发菜"和"蚝豉"跟"发财"和"好市"谐音，喻义"发财、生意好"。类似的还有"连年有余"的"余"和"鱼"谐音，"三元及第"中"元"与"丸"谐音。类似的还有：

百年好合 Sweet Soup of Lily and Lotus Root（这是婚宴上常见的甜品，主要食材就是"莲子"与"百合"，"年"与"莲"谐音，首尾合为"百合"，意味隽永，寄托对新人的美好祝愿）

连年有余 Niannian Youyu——Lotus roots with fish（Surplus year after year）

4. 象征型菜名

以象征手法命名的中国菜名实质上与菜肴的具体内容并不相关，而是一种祈福求吉的命名方法。象征型菜名是一种表达吉祥祝福的命名方法，寄托了人们对于美好生活的向往，例如：

全家福 Braised Assorted Meats and Seafood

一帆风顺 Assorted Fruits in Hami Melon

大展宏图 Steamed Duck Slices

金玉满堂 Shrimp and Egg Soup

双龙戏珠 Sautred Lobster with Ham Greens and Mushroom

凤凰八宝鼎 Chicken Soup with Lotus Seeds and Abalone

鸳鸯火锅 Double-Flavored Hot Pot

翡翠鲍脯麒麟鸡 Braised Chicken with Sliced Abalone and Ham

（二）以典故和传说命名

这一类命名方式多与中国的民间传说、文化典故、历史人物、历史事件有关。通过阅读菜谱，食客可以了解中国的文化及其特色。例如蕴含夫妻恩爱之情的"过桥米线"，以北宋著名文学家苏东坡命名的"东坡肉"，据说救了使皇帝赵匡胤病愈的安徽点心"大救驾"，传说中好吃得让神佛都跳出墙外品尝的"佛跳墙"等。类似的还有：

东坡肉 Dongpo Pork

大救驾 Dajiujia Pastry in Shouxian County

霸王别姬 Steamed Turtle and Chicken

草船借箭 Deep-Fried Mandarin with Egg and Bamboo Shoots

麻婆豆腐 Mapo Tofu

佛跳墙 Fotiaoqiang—Stewed shark fins with assorted seafood

第二节 模因论在中餐菜名翻译中的应用

模因既可以通过模仿在同一语言、同一文化中纵向传播，也可以通过翻译的媒介进行跨语言文化的横向传播。从模因论的角度来看，中餐菜名的英译过程实质上是将中国饮食文化模因传播到英语世界的跨文化复制传播过程。模因论视阈下中国菜名的英译过程如图 3 所示：

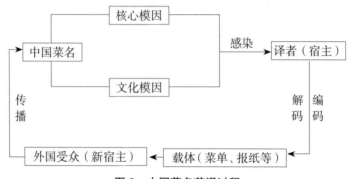

图 3　中国菜名英译过程

一、同化阶段

在同化阶段，中餐菜名作为一个模因综合体，负载着原料、刀工、味道、烹饪技术、文化内涵等信息。译者受到汉语中餐菜名的感染，理解并接受中餐菜名中的文化信息。中餐菜名模因之间存在着激烈的竞争，例如漫长的历史中出现了数不胜数的中餐菜名，有的流传数千年，有的只是昙花一现。成功的模因必须保证自己能够得到不断复制。因此中餐菜名英译名要想在众多中餐菜名的竞争中脱颖而出，必须具备时尚性、实用性、新颖性、感染性和意义可理解性。只有具备了上述特征，才能引起译者的关注，使他们愿意认真对待和翻译该菜名。

二、记忆阶段

在记忆阶段，中餐菜名中的模因和模因复合体在译者脑海中停留一段时间。中餐菜名在译者记忆中保留的时间越久，通过感染宿主使自己得到传播的机会就越多。同同化一样，记忆是有选择性的，译者每天看到、听到或体会到的中餐菜名信息很多，有的只能在记忆中停留几个小时。记忆保留的时间的长短与译者的认知取向、偏好、注意焦点、情感状态与行为愿望等密切相关，也与菜品本身的重要程度和出现频率相关。中餐菜名要想在译者的头脑中停留的时间更长一些，需要提高中餐菜品的内在品质和外在宣传，才能得到更多的传播机会。

三、表达阶段

在表达阶段，译者用英语对中餐菜名里的模因进行解码和重新编码，并通过适当的形式表达出来。译者解码时要站在中文读者的角度，对源语模因进行正确的解码，分析理解中餐菜名的命名方式和其中所蕴含的饮食学、语言学、美学等信息，还要站在外国消费者的角度，根据他们的认知环境，筛选出能激发他们品尝欲望的信息。中餐菜名英译的意义不仅仅在于向外国消费者介绍菜品的制作原料、烹饪方法和营养价值，还包括向外传播菜品背后所蕴含的民俗风情、历史传说等饮食文化和中华文化。这要求译者在编码时要尽力确保中餐菜名的英译名在语言、文化、风格、语用意义和语言结构等方面和其中文名保持一致，将中餐菜名"形神兼备"地表达出来。

四、传播阶段

在传播阶段，英语国家的消费者（模因的新宿主）接触到中餐菜名英译模因，被其吸引和感染，并通过话语、动作、交际等将其在西方社会中传播开来。成功的模因翻译应使模因的新宿主通过已转换的语言，解码模因的新载体，从而最大限度地复制并传播源语模因。要想达到此目的，需要译者考虑是否具有让中餐菜名模因复制传播的有利因素。例如音译名要便于译语受众识记，以实现中餐菜名有效的跨文化传播。

第三节　基于模因论的中餐菜名英译方法

菜名翻译属于应用文体的翻译，其目的在于使译文受众明确无误地理解和把握译文所传递的信息要旨，始终以目的语为归宿，使其受众在摄取信息的过程中不遇到障碍（袁晓宁，2005：75）。由于中餐菜名的翻译目的是准确传递信息内容，因此中餐菜名模因以基因型传递方式为主。模因基因型传递表达同一信息的模因在复制和传播过程的表现形式可能一样，也可能不一样，但核心内容却保持不变。"基因型传递"还可以细分为同型传递（同一信息在复制和传播过程中表现形式一样）、异型传递（同一信息在复制和传播过程中表现形式不一样）和同异型结合传递。对应的翻译方法有直译、英译、意译和混合译。基因型翻译意味着源语与目标语的转化是一种原信息的等值或等效传播。

一、模因的同型同义传播——直译和音译

理想的中餐菜名英译应该是模因的同型同义传递，即中餐菜名的中文和英译在内容和形式上都完全对等。这种类型的传播方式等效度最高，效果最好。当某种表达方式在英汉两种语言中能找到相应的模因，可以对不同国家的宿主产生相似的感染时，可以选择同型同义直接传递的翻译方法，即直译和音译。

（一）直译法

直译法即在条件许可时，在译文中既保持原文的内容，又保持原文的形式。直译常常被认为是对原语信息的纵向传递和传播，它可以完全确保译文的等值等效。如果中餐菜名是以原料、味道、刀工、烹饪方式等命名的，可采用直译法将菜名中所包含的实质内容翻译出来，这样可使海外人士在品尝美食的同时了解菜肴的基本情况。

翻译以原料命名的中餐菜名时，可选用以主料 + with/in 配料或配汁为辅的翻译方法，如：

松仁香菇 Chinese Mushrooms with Pine Nuts

冰梅凉瓜 Bitter Melon in Plum Sauce

米酒鱼卷 Fish Rolls with Rice Wine

干烧龙虾 Lobster with Chili Sauce

椒盐明虾 Prawns with Spiced Salt

翻译以味道、形状命名的中餐菜名时，可选用以主料＋配料的翻译方法，如：

玉兔馒头 Rabbit-Shaped Mantou

脆皮鸡 Crispy Chicken

翻译以刀工、烹饪方法命名的中餐菜名时，用表刀工、烹饪方法的动词过去分词＋主料＋配料的方法，如：

软炸里脊 Soft-fried Pork Fillet

清炖猪蹄 Stewed Pig Hoof in Clean Soup

红烧鲫鱼 Braised Carp with Brown Sauce

水煮嫩鱼 Tender Stewed Fish

炸蛋卷 Deep-fried Egg Rolls

泡椒鸭丝 Shredded Duck with Pickled Peppers

白灼海虾 Scalded Prawns

翻译以地方或民族风味命名的中国菜名时，用风味加 style 的方法，如：

川味香肠 Sausage，Sichuan Style

中式泡菜 Pickles，Chinese Style

家常豆腐 Tofu，Home Style

毛家红烧肉 Braised Pork，Mao's Family Style

（二）音译法

音译法是使用汉语方言拼写或音译拼写的菜名，仍保留其原拼写方式。这种译法最为简便，且能产生近似于等值的模因传播效果，适用于具有中国文化特色且被外国人接受的传统食品，或者是已被国外主要英文字典收录的用语，这方面典型的例子有四川省的传统风味菜肴"麻婆豆腐"，相传由清朝同治末年成都的陈姓妇女首创，该菜麻辣味鲜，色泽红亮，深受群众喜爱，如将之译为"Tofu made by woman with freckles"（一脸雀斑女人做的豆腐），既缺乏美感，也不能让外宾理解它的文化背景。在北京市人民政府外事办公室编著的《美食译苑——中文菜单英文译法》中，"麻婆豆腐"这道菜被直译为 Mapo Tofu。类似的例子还有饺子（Jiaozi）、包子（Baozi）、馒头（Mantou）、花卷（Huajuan）、烧麦（Shaomai）、馄饨（Wonton）、炒面（Chow Mein）、豆腐（Tofu）、宫保鸡丁（Kungpao Chicken）、担担面（Dandan Noodles）、东坡肉（Dongpo Pork）等。

二、模因的异型同义传播——意译和混合译

但大多数情况下，中餐菜名的中英文在语义和语用上不一定是完全对等的关系。这时中餐菜名英译应该是以模因的异型同义传递或同异型结合传递为主，即中餐菜名的中文和英语在形式上不一样，但表达同一个语义。这种类型的传播方式意味着中文中餐菜名向英文中餐菜名转化是一种语言信息的等值或等效的传播，对应的翻译方法为意译和混合译。

（一）意译法

意译法即根据原文的大意来翻译，不做逐字逐句的翻译。译者在翻译那些背景知识较为复杂的中餐菜名时，处理方法是还其本原，译出主料或烹调方法等实质性的内容。至于是否兼顾修辞、含义，需根据情况适当灵活处理。切不可直接按字面意思对译，以免导致言不尽意，引起外国消费者误解甚至反感。中式菜名有不少是属于写意型菜名，如"蚂蚁上树""如意相思""大救驾"等，如果译者不注重文本所传递的内涵，就无法传达菜肴的真实信息，故难以起到宣传作用。在饮食文化相当丰富的中国，中餐菜肴对食材的选择几无禁忌（列入保护名单的野生动植物除外）。而西方在饮食内容选用上有好恶之分，有些菜肴的原料（如猫、狗和动物的内脏等）会引起食客的反感。对此，我们也可以采取意译法，尽量从英语译语中找到一个意义接近的词来对译，照顾到译语受众的接受情感，例如：

红烧狮子头（Braised Minced Pork Balls with Brown Sauce）是指大肉圆，用狮子头命名取其威武罢了，这道菜可不能译为 lion heads with brown sauce，不然西方人会认为是红烧兽中之王狮子的头，引起"血腥"的感觉。

一卵孵双凤（Chicken Steamed in Water Melon）这道菜是孔府名菜，做法是用雏鸡及干贝、笋、口蘑等放入西瓜内蒸熟，此时如照菜名直译成 two phoenix hatched from one egg，会使外国客人感到莫名其妙。反之，如译为 Chicken Steamed in Water Melon，则简单说明了吃什么，如何制作。

夫妻肺片（Sliced Beef and Ox Tongue in Chili Sauce）这道川菜的主料并不是肺片，而是一些牛下水、杂碎、边角料。此菜得名自一对精通此菜的夫妻。如果照字面意思直译为 Couple lung slice（一对夫妇的肺片），不仅文化内涵全无，也会造成外国食客的恐慌心理，不妨写实译为"Sliced Beef and Ox Tongue in Chili Sauce"。

龙虎凤大烩（Thick Assorted Meat Soup）这道菜并非用"龙虎凤"作原料的，而是用"蛇猫鸡"作原料的，因为在中国文化中常用"蛇猫鸡"来比喻"龙虎凤"，却不能直译成 Thick Soup of Snake, Cat, and Chicken。因为外国人认为狗和猫是人类最忠实的朋友和伙伴，食用是不能容忍的不人道行为。对于爬行动物蛇的认知是"邪恶的动物"，例如圣经中亚当和夏娃就是在蛇的引诱下偷吃禁果而被上帝逐出天堂的。遇到这种情况，一定要考虑外国人的接受心理，翻译时就可以根据具体情况对此类中餐菜名中的模因进行转换。

发财好市（Black Moss Cooked with Oysters）是广东人新春佳节喜欢吃一道菜，名为"发财好市"，好像吃了之后就会"发财、生意好"。因为"发菜"和"蚝豉"跟"发财"和"好市"谐音。因此这道菜可译为"Black moss cooked with oysters"。

鲁菜的经典名菜之一"四喜丸子"，由四个色香味俱佳的肉丸组成，寓意人生福、禄、寿、喜四大喜事，丸子则代表团团圆圆，常用于寿宴、家宴等宴席中的压轴菜，象征着富贵团圆、吉祥如意。那么在翻译时不能直译为 Four glad meat balls（四个高兴的肉团），也不能在有限的菜单上附加大片的解说文字，不如意译为 Stewed Pork Balls in Brown Sauce。类似的还有"霸王别姬"（Steamed Turtle and Chicken in White Sauce）、"寿比南山"

（Steamed Chicken in Pumpkin）、"连生贵子"（Lotus Nuts in Syrup）、"他以蜜"（Sliced Mutton in Sweet Sauce）、"老少平安"（bean curd with fish）等。

（二）混合译

混合译是一种使用汉语拼音，并在其后标注英文注释的翻译方法。混合译结合了音译和意译的优点。例如：

童子鸡（Spring Chicken）是用一道用刚成熟但未配育过的小公鸡制作的佳肴。翻译时并不能直译为 Chicken without sexual life（没有性生活的鸡），而是混合译为 Spring Chicken，因为英语中有用春、夏、秋、冬四季来比喻小动物的生长过程的说法，在《剑桥国际英语词典》中，"Spring Chicken"的定义是从刚成熟的小鸡，肉质鲜嫩，与中国菜名的意义近似，可以沿用类似的还有琥珀花生（Honeyed Peanuts）、三色中卷（Squid Rolls Stuffed with Bean，Ham and Egg Yolk）、珊瑚笋尖（Shredded Bamboo Shoots）等。

（三）加注译

加注译是一种使用汉语拼音，并在其后标注英文注释的翻译方法。加注译结合了音译和意译的优点。由于有些中国菜名无法体现其做法及主配料，而是根据创作者、发源地、神话传说、历史事件命名，单纯的直译或意译很难令外国人理解其中所蕴含的真正意义，这时如在音译名后加上一些简短的背景解释，消费者在认读中国菜名时既能感知中文的读音，又能全面了解中国菜名包含的菜品特征和文化内涵，可激发品尝欲望，加深对中华传统文化的了解。

翻译药膳时，采用直译加注的方法。

因为中药材一般在英语中没有对应单词，所以翻译药膳一直是困扰译者的一大难题，解决的方法是除非有对应的单词，一般的药材名一律用 Herbs 代替，必要时用注释解释其药效。例如：

天　麻　炖　鸡 Stewed Chicken with Herbs——invigorating the circulation of blood，preventing dizziness and curing headache

银耳龙眼汤 White Fungus and Shelled Longyan Soup——with the function of improving lungs and preventing anemia.

当归炖羊肉 Stewed Mutton with Herbs——with the function of nourishing the stomach & kidney

以借代、双关、象征、夸张等修辞手法和典故、传说命名的菜名，翻译时一般采用音译加注的方法，例如：

珍珠豆腐 Zhenzhu Tofu——Pearl-shaped tofu in chicken broth

乌龙吐珠 Wulongtuzhu——Sea Cucumber with Quail Eggs

蝴蝶香酥鸡 Hudie Xiangshu Ji——Butterfly-shaped crispy chicken

松鼠黄鱼 Songshu Huangyu——Squirrel-shaped fried yellow croaker

东坡肉 Dongpo Pork——stewed pork in the style of Su Dongpo

过桥米线 Guoqiao Mixian——Rice noodles for love and hope，Yunnan Speciality

以象征的修辞手法和吉祥语命名的菜名，翻译时一般采用意译加注的方法，例如：

老少平安 Stewed Tofu and Minced Fish——the Whole Family is Well

全家福 Stewed Assorted Meats——Happy Family

大救驾是安徽省寿宁县有名的点心。传说赵匡胤围困寿宁县九个月得以占领，进城后因过度劳累致病。厨师以猪油、面粉、果仁等精制一种圆饼进呈，赵匡胤食后不久即恢复健康。赵匡胤当皇帝后，赐该点心为"大救驾"。"大救驾"可译为"Shouxian County's Kernel Pastry（Dajiujiu-snack that once to the rescue of an emperor）"。

杭邦名菜"东坡肉"与北宋文学家苏东坡有关。相传苏东坡喜欢吃猪肉，加之在杭州做太守时，曾为民做了许多有益的事。老百姓为了纪念他，就把一种切成方块并烧得红酥软烂的猪肉命名为"东坡肉"。但翻译时并不能像唐僧肉一样解读为东坡身上的肉（Dongpo's Meat），而是译为 Dongpo Pork（stewed pork in the style of Su Dongpo）。

云南小吃"过桥米线"源于云南的一个感人传说。从前有位秀才在南湖湖心岛专心读书，他的妻子每天都要为丈夫送米线。在妻子无微不至的照顾下，丈夫终于金榜题名。由于妻子送米线时要过一道小桥，人们把这种用鸡汤煮的米线称为"过桥米线"。"过桥米线"可译为"Guoqiao Mixian（Rice noodles for love and hope，Yunnan speciality）"，令西方人在了解食物自身的信息的同时体会到该小吃名中所蕴含的夫妻恩爱之情。

第四节　基于模因论的中餐菜名英译策略

一、模因论和模因翻译论综述

　　模因论是近年来语言理论的一个新的突破，其核心术语"模因"出自英国牛津大学教授道金斯所著的《自私的模因》一书。道金斯教授把希腊语词根 mimeme（意为"被模仿的东西"）的前缀 mi 去掉，创造出了与基因（Gene）拥有相似外形的术语模因（Meme），也使读者产生两者之间具有相似内涵的微妙联想。道金斯认为模因是一种文化传递的基本单位，可以通过非遗传的方式（例如模仿）得到复制和传播。我们可以通过对比模因和基因的异同来理解模因的特性。模因和基因赖以生存的载体都是人（但不是唯一载体）。两者都包含复制传播的核心概念。模因通过模仿进行传播，而基因通过遗传进行复制。两者也都遵循达尔文的"物竞天择"原则，在激烈的竞争中通过模仿和变异达到进化的目的。只有少数具有复制长久性（longevity）、复制多产性（fecundity）和复制保真性（copying-fidelity）特征的模因才能在众多模因的激烈竞争中存活下来，拷贝到人类的头脑中或印刷成文字得到传播，成为强势模因。模因和基因的不同之处在于，模因是一种思想和文化的传播单位，而基因是一种化学物质。模因传播的对象是文化，可以通过任何个体间的模仿进行传播，而基因只能通过代际间的遗传进行传播。相比基因，模因的传播速度更快，传播范围更广，影响力更大。

模因与翻译的文化传承和传播使命极具关联性。从模因论的角度来看，翻译活动是通过语言传播和复制模因的过程，而复制的准确性、稳定性和传播速度是源语模因在异国文化中生存的保证。芬兰著名翻译理论家切斯特曼最早将模因论引入翻译理论研究。他从模因论的视角论述了翻译模因产生、传播和发展的规律，归纳了五种超级模因，并提出了模因翻译论。模因论和模因翻译论使我们可以从新的角度来看待翻译活动的意义，还可以阐释翻译实践中遇到的各种问题。因此，用模因论指导中国菜名翻译实践是适合的，也是非常必要的。

二、中国菜名的模因特点及分类

从模因的定义和特点来看，中国菜名并非从诞生之日起就是模因，只有当其得到复制和传播时，才成为模因。在漫长的历史中曾经出现了数不胜数的中国菜名，有的由于具有很强的接受性而流传数千年，有的由于得不到普遍接受而只是昙花一现。能够在众多菜名中脱颖而出并广泛传播的中国菜名才能成为强势模因。何自然教授在《语言中的模因》一文中指出，模因的复制传播主要包括"内容相同形式各异"的基因型和"形式相同内容各异"的表现型两种方式。因此，中国菜名也可分为"基因型"和"表现型"两种。

（一）基因型菜名

布莱克摩尔指出，以传递信息内容为主的模因储存在我们的大脑中，可比喻为基因型的模因。"基因型菜名"通过如实描述菜肴的主要信息，例如原料搭配、味道形状、摆盘器皿、刀工火候、烹饪技术等，凸显了菜品的风味与特色，有利于激起食客品尝的兴趣，也便于食客选择菜肴。根据语料库的统计，这类菜名在中国菜名中占绝大部分比例。例如"香椿鸭胗"、"扁豆肉丝"、"铁板牛肉"、"凉拌黄瓜"、"白切鸡"、"酱爆肉"、

"炸春卷"等。

（二）表现型菜名

模因在传播过程中，可根据需要改变固有的模式，以新的形式满足语用需求。"表现型菜名"通过某种修辞手法以及典故传说等方式命名，突出和美化菜肴的特色。此类菜名往往文辞优雅，寓意美好，体现了中国人趋吉避凶、去俗求雅的心理和文化趋势。例如，"孔雀虾蟹"的原料为虾仁、蟹粉等，用"孔雀"比喻成品形态；"白玉蒸扇贝"中"白玉"实借代"豆腐"，意在美化粉饰原料；"连年有余"通过"余"和"鱼"谐音，寄托人们美好的祝愿。而传说中好吃得让神佛都跳出墙外品尝的"佛跳墙"、据说使皇帝赵匡胤大病痊愈的安徽点心"大救驾"等则是典型的根据传说典故命名的中国菜名。根据语料库的统计，这类菜名在中国菜名中所占比例较小，但其中包含的文化模因正是翻译中的重点和难点。

三、基于模因论的中餐菜名英译策略及运用

何自然教授曾在《语言模因及其修辞效应》一文中提出模因在复制传播过程中的类推和重复方式。受此启发，中国菜名的英译策略有类推策略、重复策略和杂合策略三种。类推策略属于一种归化策略，包括意译、转移、略译等翻译方法，要求译文顺应目的语的习惯，贴近目的语读者的文化传统及阅读方式。重复策略属于一种异化策略，包括直译、音译等翻译方法，强调译文尽可能保留中国菜名在语言、文化、风格、语用、结构等方面的特色，符合模因在传播中尽可能完全复制自己的本质特性。杂合策略则是类推、重复策略的混合使用，包括混合译、注释译等翻译方法。在两种文化接触初期，为确保核心模因的传播，译者往往倾向于采取类推的翻译策略。但随着中西文化交流的日益深入，消费者求新、求真的心理和模因完整复制的本性驱使译者采用重复的翻译策略。不过翻译策略的选择并非一成不变的，如果出现文化模因接受不良的情况，还要采用类推和重复相结合的策略。

（一）类推策略的运用

不少表现型菜名中含有令外国人费解甚至容易误解的文化模因，译者可以直接运用目的语中类似的表达替换源语模因，必要时还要舍弃中国菜名模因综合体中的文化模因，而相对忠实地传播其中的核心模因，即还其本原，只译出主料或烹调方法等实质性的内容。这种翻译策略虽然以牺牲部分文化模因为代价，但避免了外国消费者因无法解码源语模因而拒绝中国菜肴的问题，满足了中国菜名核心模因的传播和生存需要，为更完整地复制中餐菜名模因奠定了基础。例如：

翡翠鱼翅 Double-boiled Shark's Fin with Vegetable，翡翠不能食用，仅是一个代称，指绿色的蔬菜，翻译时不能按字面译为"Jade Shark's Fin"，否则外宾会莫名其妙。

蚂蚁上树 Sauted Bean Vermicelli with Spicy Meat Sauce，蚂蚁在中餐中虽可以入菜，但此蚂蚁非彼蚂蚁，而是用酱油和淀粉和过的肉末。直译可能引起外宾的惊诧。

桔瓣鱼汆 Quick-boiled Fish Balls Orange Petal Shaped，这道菜是指鱼汆外形似桔瓣，其实菜中无桔瓣，也无桔味，翻译时不可将之作为原料，译名中加"orange petal shaped"，是为了增加美感，增强促销功能。

叫化鸡 Baked Chicken Vagabond Style 或 Baked Chicken Wrapped with Mud，此菜相传为乞丐创制，取名时以"叫化"代"乞丐"，是一种美化，翻译时，以"vagabond"代"beggar"，也是一种美化。后一译名比较实在，但少了前者的浪漫味道。

红烧狮子头 Braised Minced Pork Balls with Brown Sauce，红烧狮子头是指大肉圆，用狮子头命名取其威武罢了，这道菜可不能译为 lion heads with brown sauce，不然西方人会认为是红烧狮子的头，会引起"血腥"的感觉。

类似的还有龙虎凤大烩（Thick Assorted Meat Soup）、霸王别姬（Steamed Turtle and Chicken in White Sauce）、寿比南山（Steamed Chicken in Pumpkin）、连生贵子（Lotus Nuts in Syrup）、他似蜜（Sliced Mutton

103

in Sweet Sauce）、老少平安（Bean Curd with Fish）、南北鸳鸯腿（Deep-fried Raised Frog）、樱桃雪哈膏（Snow White Jelly with Cherry）、玉饭禅师（Stewed Potatoes with Mushroom）、彩凤喜迎春（Baked Chicken and Fried Quail Eggs）、出水芙蓉（Sliced Duck with Egg White and Ham）、贵妃鸡（Chicken Wings and Legs with Brown Sauce）、金华玉树鸡（Sliced Chicken and Ham with Greens）等，这些纯为吉利的象征名称，不仅不能直译，也无法直译，所以只能还原处理。

（二）重复策略的运用

随着中国综合国力的增强、对外文化交流的扩大，越来越多的外国消费者开始认同与接受中国菜肴，他们逐渐具备了解码中国菜名所携带的文化模因的能力和机会，也越来越渴望通过中国菜名了解中国文化。重复策略将中国菜名模因以原汁原味的方式呈现在外国读者的面前，不仅有助于通过引进异国模因而丰富目的语的模因表达，还能促进不同文化间的融合。从长远来看，重复策略将成为中国菜名英译的发展趋势。对于部分基因型中国菜名，可采用直译法将菜名中所包含的实质内容翻译出来，使海外人士在品尝美食的同时了解菜肴的基本情况。例如：

松仁香菇 Chinese Mushrooms with Pine Nuts

玉兔馒头 Rabbit-Shaped Mantou

软炸里脊 Soft-fried Pork Fillet

烤乳猪 Roast Suckling Pig

炒鳝片 Stir-fried Eel Slices

红烧牛肉 Braised Beef with Brown Sauce

鱼香肉丝 Fried Shredded Pork with Sweet and Sour Sauce

清炖猪蹄 Stewed Pig Hoof in Clean Soup

香酥排骨 Crisp Fried Spareribs

水煮嫩鱼 Tender Stewed Fish

香煎鸡块 Fragrant Fried Chicken

炸蛋卷 Deep-fried Egg Rolls

回锅肉 Sliced Pork Doubly Sautéed in Soy Sauce

干煸牛肉丝 Sautéed Beef Shreds

对于一些已在海内外产生广泛影响力的表现型中国菜名，可以使用音译法，即使用汉语方言或普通话的读音，保留其原汉语拼音拼写方式。这方面典型的例子有以北宋文学家苏东坡命名的杭邦名菜"东坡肉"。相传苏东坡喜欢吃猪肉，加之在杭州做太守时，曾为民做了许多有益的事。老百姓为了纪念他就把一种切成方块并烧得红酥软烂的猪肉命名为"东坡肉"。但翻译时并不能像唐僧肉一样解读为"东坡身上的肉"（Dongpo's Meat），而译为 Dongpo Pork。类似的例子还有饺子 Jiaozi，包子 Baozi，馒头 Mantou，花卷 Huajuan，烧麦 Shaomai，炒面 Chow Mein，担担面 Dandan Noodles 等。实际上国外主要英文字典中已吸收了馄饨 Wonton，豆腐 Tofu，宫保鸡丁 Kungpao Chicken 等词语，这充分说明部分通过重复策略翻译的中国菜名模因已得到英美主流文化的认可和接受。

（三）杂合策略的运用

在具体的翻译实践中，当单独采用归化或异化策略不能满足中国菜名模因的传播需要时，可将二者结合使用以弥补其中的不足。例如在美国家喻户晓的中国菜"左宗棠鸡"，其在海外通行的译名为 General Tso's Chicken 或 Governor Tso's Chicken，采用的是音译加意译的方法，为西方受众广为接纳。有些中国菜名采用单纯的直译法或意译法很难令外国人理解其中所蕴涵的真正意义。这时如用音译名后加上一些简短的背景解释，消费者在认读中国菜英译名时既能感知中文的读音，又能全面了解中国菜名包含的菜品特征和文化内涵，从而加深对中华传统文化的了解，激发品尝欲望，例如：

当归炖羊肉（Stewed Mutton with Herbs—with the Function of Nourishing the Stomach & Kidney）是一道温中补血的药膳。因为中药材一般在英语中没有对应单词，所以药膳翻译一直是困扰译者的一大难题，解决的方法是除非有对应的单词，一般的药材名一律用 Herbs 代替，必要时用注释解释其药效。

又如大救驾（Dajiujiu—snack that once to the rescue of an emperor），它是安徽省寿宁县有名的点心，传说赵匡胤围困寿宁县九个月得以占领，进城后因过度劳累致病。厨师以猪油、面粉、果仁等精制一种圆饼进呈，赵匡胤食后不久即恢复健康。赵匡胤当皇帝后，赐该点心为"大救驾"。类似的还有天麻炖山鸡（stewed pheasant herbs—with the function of preventing dizziness and curing headache），雪耳龙眼汤（white fungus and shelled longan soup—with the function of improving lungs and preventing anemia），佛跳墙（Meat and Vegetables Cooked in Broth—the dish's delicious aroma even lures the Buddha to jump over the wall to eat it），太极组合盘（Sliced Bread with Sweet—smelling mushroom, vegetable and dry Shellfish）。

总之，虽然中餐菜肴品种繁多，文化内涵丰富，如果中餐菜名的翻译能使外宾更多地了解中国的饮食文化、大致知道该菜的组成成分和烹调方法，那么，翻译的目的应算达到了。

本章小结

中华美食是中国优秀传统文化历史的重要组成部分，中餐菜名英译的质量高低直接影响到译语受众对中国菜肴及中国文化的印象。模因论为中餐菜名的英译提供了崭新的视角。中餐菜名英译的过程是强势模因的生成过程，而模因传播过程和传播方式对中餐菜名的英译也有较强的解释力。至于何时采用何种翻译方法，则需要译者根据具体情况加以判断。总之，正确规范的中餐菜名的翻译有利于广泛传播饮食文化，促进更多领域的中国文化走向世界。

（本章第一至四节部分内容以《模因论视阙下中国菜名的英译研究》为题，刊载于《山东农业工程学院学报》2018 年第 12 期。）

（本章第四节部分内容，以《模因论视阙中国菜名英译策略》为题，刊载于北大中文核心期刊《美食研究》2018 第 1 期。）

本章参考文献：

［1］北京市人民政府外事办公室，北京市民讲外语活动组委会办公室．美食译苑——中文菜单英文译法［M］．北京：世界知识出版社，2011.

［2］F Heylighen. Selfish Memes and the evolution of cooperation［J］. Journal of Ideas，1992，2（4）:77–84.

［3］何自然．语言中的模因［J］．语言科学，2005（6）:54–64.

［4］林文琪．从中餐菜名角度探讨中国菜命名类型及其对外汉语教学［A］．中文教学现代化学会．数字化汉语教学（2014）［C］．中文教学现代化学会，2014.

［5］莫爱屏．语用与翻译［M］．北京：高等教育出版社，2010：175–177.

［6］Richard Dawkins. The Selfish Gene［M］.Oxford: Oxford University Press，1976.

［7］Susan Blackmore. The Meme Machine［M］.Oxford: Oxford University Press，1999：55.

［8］熊欣．跨文化交际理论下的中国菜名英译研究［D］．上海：上海外国语大学，2013.

［9］张媛．交际翻译理论指导下的中餐菜名英译［J］．四川烹饪高等专科学校学报，2011（4）:14–19.

第七章　电影片名翻译

　　电影片名翻译是应用翻译的一个重要领域。许多学者曾从文化差异、功能对等、目的论等视角对电影片名翻译作过研究，并取得了较好的成果，但是这些对于电影片名翻译的研究工作还远远不够。影视片名由于自身的简短性，使得其翻译既要忠实于原文，符合译语观众的语言文化习惯、审美情趣，还要有商品广告性，吸引观众，这样才能有利于影片的宣传。以上种种要求使电影片名翻译变得困难重重。电影片名的翻译过程就是源语模因到译入语模因的转化过程，译者不但是源语模因的传播者，而且还是源语模因的解码者和被感染者，译者在翻译时应该考虑到源语模因和译入语模因各自的特点，采用正确的模因来有效地表达目的语模因，因为中西方语言文化的巨大差异、价值观念的差异、受众方文化需求的差异，决定了电影片名的翻译原则既要忠实于源语的内容与风格，又要有利于新宿主理解和掌握。

第一节　电影片名的模因特点

　　一部出色的电影除了自身内容要富有深刻内涵的意义，而且本身还要具有一个响亮而又易接受的电影片名。优秀的电影片名要具备几个条件：其一，电影片名也要具有高度的概括性。电影片名是一部电影内容和精神的浓缩，通过电影片名使观众对此电影内容有大致的了解或者在此基础上有一定的想象力。其二，电影片名要有吸引力，电影是一种商业活动，为此要创造尽可能多的商业价值。所以，一个吸引人的电影片名对电影的营销有很大的帮助。最后，电影片名还要能激起观众的文化共鸣以及拥有共同的审美视野。成功的模因要有三个衡量标准：多产性（fecundity）、保真度（copying-fidelity）和长寿性（longevity），这三个表现值均比较高的模因才有可能获胜（Blackmore，1999：58）。成功的电影片名就应该具有成功模因的特质，这才能真正体现出电影片名的文化与商业双重价值。从模因论的角度来看，语言模因复制和传播有"内容相同形式各异"的基因型和"形式相同内容各异"的表现型两种方式。（何自然，2005：11）。因此，电影片名的命名特点也可以分为基因型和表现型两种。

一、基因型模因

Blackmore（1999）认为，模因有选择性，因为传播范围、频率和时间不同，若干词句作为模因被不断重复，从而得到广泛应用，变得强大，成为强势模因。反之，则成为失败模因。模因在传播过程中也讲求适者生存，经过长时间大范围传播最后沉淀下来的模因，逐渐被人们接受并适用在自己的语言之中。Blackmore（1999）指出以传递信息内容为主的模因储存在我们的大脑之中，可以比喻为基因型的模因。

（一）名词的直接运用

这类模因信息是指不改动内容本身而直接进行传递。在电影片名中的体现为直接以历史事件、地名、人名等为电影命名。以地名为例，如《断背山》《赤壁》《珍珠港》《诺丁山》《伊丽莎白镇》《芝加哥》《日照重庆》等；以历史事件为例，如《鸿门宴》《甲午海战》《唐山大地震》和《淮海战役》等；以物命名的有《泰坦尼克号》《香水》等；以人物命名的有《张思德》《洛奇》和《埃及艳后》等。

（二）成语、诗词和典故的直接引用

中华文化博大精深，众多典故和成语是人民智慧的结晶，经由同化、记忆、表现和传播这四个阶段，强势模因得以继承，并被运用在电影片名之中，既能增强电影的吸引力，又能赋予电影更多的文化价值。如 2006 年底上映的由张艺谋执导的《满城尽带黄金甲》就属此类。据说，该片最早在美国《时代》杂志上称为《秋日的回忆》，后来又改用《重阳》或者《菊花杀》，但是，片方觉得这些译名都不能体现影片的气势，最终借用了唐末农民起义领袖黄巢的《不第后赋菊》中的"满城尽带黄金甲"这一诗句来作片名。该诗句气势磅礴，恰到好处地表现了片中刀光剑影、幅员千里的宏大战争场面，同时在吸引观众、赢得票房上也是更胜一筹。又如陈可辛执导的《投名状》，典出《水浒传》林冲投奔梁山的情节，所谓"但凡好汉们入伙，须要纳投名状"，意为忠诚之证。剧中三位壮士仿照梁山好汉立誓同生共死的精神，以鲜血立下《投名状》："生不能同生，死愿同死"。因此，左右剧中角色关键的"投名状"就成为片名的最佳选择。此外，《非诚勿扰》《夜宴》《一见钟情》《魂断蓝桥》《一树梨花压海棠》等都是引用典故或借用成语、俗语命名。

（三）现有语言的语义延伸

这类电影片名直接运用有效的模因，然而所要表达的含义却与该模因原始的意义不同。比如电影《普罗米修斯》不是演绎天神普罗米修斯的故事，而是在"普罗米修斯"号飞船上的战队对抗外星生物保护人类的故事；再如陈凯歌导演的《霸王别姬》，主角不是虞姬与项羽，而是主演京剧名段"霸王别姬"的一群演员之间的故事。类似的还有如 2005 年在中国大陆上映的电影《恰同学少年》，片名源于毛泽东 1925 年秋作的《沁园春·长沙》。显然，《恰同学少年》有意原封不动地复制名句"恰同学少年，风华正茂"的有效模因，却背离了原模因传达的意义。再如电影《千手观音》讲述了一刑警队长破获一起重大盗窃倒卖文物的侦查故事，但取名时借用

2005 年央视春晚上观众颇受震撼的舞蹈《千手观音》，以期通过该舞蹈的轰动效应激发观众观看的兴趣。这类电影内容与电影片名有着千丝万缕的联系，却不是片名词语蕴含的最初含义。

二、表现型模因

模因在传播过程中往往会改变固有的模式，以新的形式出现，以适应人们对语言的需求。它往往是通过类推的方式创造出新的模因变体来加以传播，包括同音类推和同构类推（何自然，2008）。

（一）同构类推

同构类推指的是模仿已知的语言结构，语言的形式和结构不变，内容有些许变动。以同构类推形式产生的电影片名比比皆是，如"疯狂"系列：2006 年宁浩导演的低成本力作，但剧情却扣人心弦，并为迫于生活压力的观众带来了欢乐的影片《疯狂的石头》。在影片成功播出后，"疯狂"系列的影片如雨后春笋，如《疯狂的赛车》《疯狂的麦克斯》等影片，这些电影正是《疯狂的石头》的同构异形的形式，很多电影片名也打上了"疯狂"的标志，如《饭局也疯狂》《修女也疯狂》《上帝也疯狂》等影片。再如"女郎"系列：《粉红女郎》《梦幻女郎》《出拳女郎》等；"囧"系列：《人在囧途》《车在囧途》《人再囧途之泰囧》《港囧》等；"正传"系列：《阿飞正传》《阿甘正传》等。《阿 Q 正传》是五四运动期间鲁迅先生著名的作品，其在大众之间的意义和影响是广泛而深远的。香港电影《阿飞正传》、美国电影《阿甘正传》正是《阿 Q 正传》的同构异义形式，借助了其在大众间的知名度，有助于电影的宣传和推广。此类影片名还有以"XX呼叫转移"模因为基础的电影《爱情呼叫转移》《命运呼叫转移》。再如电影《窈窕淑女》《窈窕奶爸》以及《窈窕绅士》，它们的源模因来自《诗经》中的"窈窕淑女"。同样，在描述某一类人群的风采故事时，又经常复制"XX本色"这一模因，如《英雄本色》《女人本色》《男儿本色》，等等。还有好莱坞"碟中谍"系列，"007"系列，等等，它们都是以相同的风格甚至同一班底演绎不同的故事，让观众在心理上有一种熟悉与延续感，更能激发观影热情。

（二）同音类推

同音类推指的是模仿已知的语言结构，语言的结构形式不变，只是部分文字内容以相同的音或者谐音来代替。例如"精武门"是由武学宗师霍元甲创立的武学组织，之后又有若干同名电影和电视剧，"精武门"这个模因得到广泛的使用和传播，2008 年播出了电影《精舞门》，就是采用同音类推的方式，把"武"改成"舞"，相同的发音，完全不同的含义，从视觉和听觉上能引起观众的共鸣。通过类似模因方式而形成的电影片名也有很多，如《鸿孕当头》《引郎入室》《满城尽带黄金甲》《鸿门艳》《禾去禾从》《马可菠萝》《房不剩胜房》《缘原来柿你之告白》，等等。此外，除了同音异义的模因方式，还有谐音异义的模因方式，如《三月情流感》，"情流感"是通过"禽流感"的谐音而复制的。类似的还有电影《胡说霸道》《神通鬼大》《一路顺疯》《缘来是你》《猩猩知我心》等，皆属于此类语言模因传播方式。这样类型的电影片名从视觉和听觉上能引起观众的共鸣。

第二节 基于模因论的电影片名汉译方法

电影在国际文化交流中充当着极其重要的角色。英文电影自 20 世纪初就已被引入到中国，伴随着我国的改革开放及经济文化的全球化进程，越来越多的英文电影进入了中国市场，受到了中国观众的喜爱。英文电影也成为了国内语言学界的一个新的研究方向。其中，基于模因论的英语电影片名汉译也逐渐成为英语语言研究者关注的一个新课题。因为英文电影片名对于英文电影往往能起到画龙点睛的作用，它不仅可以突显影片内容，传达主题信息，确立全片的感情基调，还可以起到吸引观众增加电影票房的作用。

一、模因基因型片名的汉译方法

当源语片名模因在感染宿主即片名译者之后，译者在解码—编码的过程之中，根据自己对源语核心模因即电影中心内容的理解，再结合源语言片名模因与目标语模因的特点，来选择模因新载体即汉译出来的片名。如果译者发现源语模因在目的语中可以找到相似的模因，对其宿主能产生相似的感染，对读者能产生相似的效果，译者可认为源语模因属模因基因型，从而选择相对忠实地汉译源语片名模因。译者直接把源语模因复制到目的语文化中，以尽可能保留原文鲜明的节奏、韵律和特色，便于读者记忆。它分为直接复制源语语音模因和直接复制源语语义模因，也相当于传统的音译和直译法。

在片名翻译中，音译的例子很多，多见于源语是主人翁的名字或者故事发生的时间、地点作为片名的情况。如：Jane Eyre《简爱》、Hamlet《哈姆雷特》、Macbeth《麦克白》直接复制源语语音模因。其他译例有 Tony《特洛伊》、HarryPotter《哈利·波特》、Titanic《泰坦尼克号》、Avatar《阿凡达》、Casablanca《卡萨布兰卡》、Romeo and Juliet《罗密欧与朱丽叶》、Chicago《芝加哥》、Aladdin《阿拉丁》等。

直接复制源语语义模因就是最大限度地保留原片名的内容与形式，使源语和译入语的形式和语义尽可能完全一致，很好地传递原片名的信息。如：Six Days Seven Nights《六天七夜》、Water World《水世界》、Modern Times《摩登时代》、New Man《新人》、Pearl Harbor《珍珠港》、A Walk in the Clouds《云中漫步》、The Cold Mountain《冷山》、Lion King《狮子王》、Rain Man《雨人》、Dacing with Wolves《与狼共舞》、50 First Dates《初恋50次》、Roman Holiday《罗马假日》、Mr.&Mrs. Smith《史密斯夫妇》、Basic Instinct《本能》、The Princess Diary《公主日记》、The Davinci Code《达·芬奇密码》、Shandog Millionaire《平民窟的百万富翁》、True Lies《真实的谎言》、Mourn Rouge《红磨房》、Air Force One《空军一号》等。

二、模因表现型片名的汉译方法

当译者在被另外一些源语片名模因感染后，经过解码的过程，译者会发现在目的语模因库中无法找到与之等值等效的模因。这些源语片名模因归为模因表现型。其转换方式有如下几种：

（一）意译模因转换法

译者被源语核心模因感染并解码后，发现与源语片名模因等效等值的目的语模因无法完全复制并传播模因综合体的全部内容，这时译者可选用能最大程度体现源语模因综合体即整部电影内容的模因来传播，类似于传统翻译上的意译。在两种文化的接触中，当译语和源语文化体系差别较大，译语读者对源语文化相对陌生，因而可能由于无法解码异国模因而拒绝接受感染时，译者多模仿译语中的文化意象、语言结构等，以使译语读者成功解码源语中的核心模因。以译语为导向进行模仿指以译语的语言结构特征、表现手法、社会传统和观众接受倾向为依据的模仿。这种模仿需要调整源语信息的类型和结构，发挥译语语言优势。例如影片"Waterloo Bridge"的翻译就是一个很好的例证。一提到"Waterloo"许多人都会联想到拿破仑和他的滑铁卢之战，想到炮火连天、硝烟弥漫的战场。而看过该影片的人都知道，电影中的"Waterloo Bridge"是指故事发生的地点——英国伦敦，显然与拿破仑无关。为了避免观众产生误解，译者借用了具有我国民族文化特色的蓝桥相会的传说，增译了"魂断"两字，这不仅体现了电影的爱情主题，影射了主人公悲剧性的遭遇，而且蕴含了中国文化。将"Lolita"翻译为《一树梨花压海棠》是另一个模仿、复制译语的典型例子。"一树梨花压海棠"源自宋代词人张先和苏轼的一则文坛趣话：据说张先80岁时娶了一个18岁的小妾，苏轼就此调侃道："十八新娘八十郎，苍苍白发对红妆。鸳鸯被里成双夜，一树梨花压海棠。""梨花"指白发的丈夫，"海棠"指红颜少妇，"一树梨花压海棠"即老夫少妻。该影片讲述的是一位中年教授带着对伦理的蔑视爱上其只有15岁的继女——Lolita的故事。

该片名翻译借用中国古诗名句，巧妙地突出了"老夫少妻"这一主题，起到了音译无法达到的效果。类似的还有 Gone with the Wind《乱世佳人》、Top Gun《壮志凌云》、The Fugitive《亡命天涯》、The Matrix《黑客帝国》、Sister Act《修女也疯狂》等。

（二）译评模因转换法

译者为了达到体现源语模因综合体核心内容的目的，不使用与源语片名模因等值等效的目的语模因，而是采用译评模因来转换源语片名模因，使之能够达到更好地复制传播源语模因综合体的目的。如动画片 Shrek，译成《史莱克怪物》会比《史莱克》要好得多。因为观众不知道史莱克是什么。而"怪物"一方面显得生动有趣，另一方面也突出了动画片的风格。再如"Seven"就是一部文化底蕴很丰富的影片。该影片讲述的是一个自认为上帝的疯狂凶手，围绕天主教中七种原罪（暴吃、贪婪、懒惰、嫉妒、傲慢、愤怒、淫欲）的惩戒而逐步展开杀人的故事。在影片中，"七"无处不在：故事发生在七天，罪犯围绕七罪展开疯狂的杀人计划，七次下雨，结局也由罪犯定在第七天的下午七时。在西方，"七"是一个带有浓厚宗教色彩的数字：上帝在七天内创造了世界，人世间有七大美德、七宗罪，神灵住的是七重天。显然，如果简单地将其翻译为"七"，中国观众就不能产生同样的文化联想与认同。鉴于此，该影片公映时译为《七宗罪》，实现了影片内容与源语文化的有机结合。类似的还有 Legally Blonde《律政俏佳人》、Shrek《怪物史莱克》、Oliver Twist《雾都孤儿》、Toy Story《玩具总动员》、Madison County Bridge《廊桥遗梦》、Cats&Dogs《猫狗大战》、The Break Up《分手男女》、Ghost《人鬼情未了》、Shakespeare《莎翁情史》、Tomb Raider《古墓丽影》、Tarzan《人猿泰山》、Forrest Gump《阿甘正传》、Bandits《完美盗贼》、Pretty Woman《风月俏佳人》、Speed《生死时速》、Rebecca《蝴蝶梦》、Annatasia《真假公主》、Cleopatra《埃及艳后》、Rob-b-hood《宝贝计划》、Spider Man《蜘蛛侠》、My Batman《蝙蝠侠》等。

（三）略译或节译模因转换法

有些英文电影的片名非常长，译者在重新编码的时候往往应结合中文片名简洁鲜明的特点，采取略译或节译的方法来转换。如：Night of the Day of the Dawn of the Son of the Bride of the Return of the Revenge of the Terror of the Attack of the Evil，Mutant，Alien，Flesh Eating，Hellbound，Zombified Living Dead Part 2：In Shocking2D，直译的话显然太拗口了。而采用略译模因转换法将其略译为：《死活 2：极度 2D 版》，则符合中文电影片名简要直接的特点，容易为中国观众所接受。类似的略译模因转化法应用实例如：将 "The Assassination of Jesse James by the Coward Robert Ford" 转换为《神枪手之死》，等等。而 Dr. Strange Lover: How I Learned to Stop Worrying and Love the Bomb 1964，转换为《奇爱博士》则属于节译转换法的应用。

（四）套用固定模因转换法

在英语片名模因向汉语模因转化的过程当中，有一种转换方法也是经常使用并值得注意的，即套用固定的汉语模因来转化源语片名。如 2000 年上映的美国电影 About Adam 引入中国时模仿成语"引狼入室"，被译作《引郎入室》，生动形象地反映了男主角亚当欺骗、玩弄感情的本质。透过该影片的译名，容易激发中国观众观看电影的兴趣并进而了解影片内容。这种译法就是套用固定模因转换法。在实际运用中，套用固定模因转换法用来翻译英文片名的例子比比皆是，如众所周知的"总动员"系列电影，自从 1995 年美国动画电影 Toy Story 在大陆被译成《玩具总动员》后，"迪斯尼 / 皮克斯"出产的动画片都被译成"XX 总动员"了，可以说"总动员"已经成为"迪斯尼 / 皮克斯"出产的动画片具有中国特色的片名标志。例如：《昆虫总动员》《海底总动员》《超人总动员》《汽车总动员》《美食总动员》《蜜蜂总动员》《机器人总动员》。之所以如此翻译，主要是由于这些电影直译不太响亮，而"总动员"在电影片名中经过不断地复制模仿，已经成为一个具有优势的强势模因，因此，后来许多进口动画电影"继承传统", 以"XX 总动员"命名, 以便更好地开拓中国市场。The Mummy 译成《神鬼传奇》、Clear Target 译成《神鬼奇兵》是套用了"神鬼XX"这个固定模因。The Gods Must Be Crazy 译成《上帝也疯狂》、Sister Act 译成《修女也疯狂》则是套用了"XX 也疯狂"这个固定模因。Batman《蝙蝠侠》、Spiderman《蜘蛛侠》、Ironman《钢铁侠》等片名套用的是"XX 侠"模因。美国电影"Mr. Holland's Opus"《春风化雨》、Entrapment《将计就计》、Bathing Beaty《出水芙蓉》、The Last Stand《背水一战》、The Misfits《乱点鸳鸯谱》、A Man Apart《单刀直入》、The Wedding Night《洞房花烛》、The Curious Case of Benjamin Button《返老还童》、City Under Siege《兵临城下》、Ordinary People《凡夫俗子》都是直接借用目的语模因的译例。

第三节　基于模因论的电影片名英译方法

根据翻译模因论理论指导, 结合中文电影片名的语言特点, 将中文电影片名的翻译方法分为以下几类。

一、模因音译法

模因音译法可理解为按照源语模因的发音方法, 译者把源语模因转化为目的语模因的翻译方式, 在电影片名的翻译中, 观众所了解的重要的地名、人名、事件名常采用模因音译法。例如《西施》Xi Shi、《喜莲》Xi Lian、《哪吒》Ne Zha、《蒋筑英》Jiang Zhuying 等。以上音译法对于国外观众来说只表音而不包含任何特殊意义, 而在有的中文电影片名的翻译中, 为了帮助观众理解, 这些片名在音译模因的同时做恰当的解释, 如《二嫫》翻译成"Ermo, A Village Woman"。模因音译法能正确向译入语读者传播源语文化, 将译入语读者带到源语的文化情景中, 从而减少源语模因和目的语模因文化上的差异。

二、模因直译法

模因直译法就是根据源语模因和译入语模因的特点，直接把源语模因复制到译入语模因的文化中，将源语中的文化模因原汁原味地传播给译入语读者。著名翻译家包惠南先生指出："凡宜直译的片名应该尽量直译，以最大限度传达原名的信息，保持原片名与内容的完美统一，这是影视片名翻译的一个基本原则和方法。"如李安导演电影《卧虎藏龙》（Crouching Tiger Hidden Dragon），美国人观看这部中国电影就有美国式的心理期待，很多人担心翻译这部片名会让美国观众受 Dragon 负面文化的影响，实际上划龙舟和舞龙早已被美国主流社会所接受，他们不是特别了解虎和龙对国人的意义，但是看完影片后却对此关注和思考起来。采用模因直译法的其他译例还有《美丽的大脚》Pretty Big Feet、《红玫瑰与白玫瑰》Red Rose White Rose、《天下无贼》A World Without Thieves、《手机》CellPhone、《绿茶》Green Tea、《夜宴》The Banquet 等。

三、模因增减译法

模因增减译法就是指译者对源语模因进行有效处理，如对片名进行增译、补译或替换等，给译入语读者提供正确的信息，确保解码后新的模因不仅能正确传播源语的信息，而且以简单、新颖的方式出现在译入语观众面前，这样的翻译方法既忠实于源语，又容易被观众接受，达到更准确地复制和传播源语模因的要求。如电影《赤壁》Red Cliff 引起不少争议，此翻译没有给英文观众带来这部电影的内容信息，音译 Chibi 对外国观众而言很难读，实际上此电影在开拍时本来叫《赤壁之战》，后来改成《赤壁》，因为片方认为"片中不只有战争，还有历史人物的英雄气概、人性瓜葛、男性情谊等"。如果此片采用增译的方法译为 The War of Chibi，更容易让英语观众理解。其他类似的片名还有《刮痧》The Gua Sha Treatment、《大腕》Big Shot's Funeral 等。如电影《荆轲刺秦王》译为 The Emperor and the Assassin，翻译时译者有意省略了片名中的动作"刺"，片名中两个重要的人物"秦王"与"荆轲"也被翻译为"杀手"与"皇帝"，这样就向译入语受众传播了源语的语义内涵，体现中文电影片名的简洁性。其他类似的翻译片名还有《霸王别姬》Farewell My Concubine、《恋恋风尘》Dustin the Wind 等。模因增减译法有利于中文电影片名的英译体现出跨文化传播的痕迹，适当的增译和略译策略能使中文电影片名更好地传播出去。

四、固定模因套用法

固定模因套用法用来指在源语模因与目标语模因转换时，源语模因的结构框架没有变化，内容发生了很大的变化，被其他的语言模因所代替。这些模因是某个阶段占主导地位的强势模因，这些强势模因是一些外国人耳熟能详的电影片名、书名、歌名或经典词语，这些模因逐渐演化为一种模式，不断被模仿、复制和传播。例如把《芳草碧连天》翻译为带有头韵特征的短语"The Green Grass of Home"，把《花样年华》译为"In the Mood For Love"。语义表达应以达意传神为标准，兼顾语言习惯和文化传统。片名翻译中，《霸王别姬》（Farewell to My Concubine）顺应了西方人的审美心理和文化偏好，是成功的片名翻译实例。电影《国产凌凌漆》（From Beijing with Love）模仿 007 电影中的 From Russisa with Love，英国电影 007 是皇家特工，而中国电影凌凌漆是宫廷密探，该部电影的英文翻译可以使外国观众很容易记住这部影片。同样由李连杰主演的电影《黄飞鸿》，英文片名翻译为 Once Upon a Time in China，也是套用了美国片名 Once Upon a Time in America。还有中文电影片名的英译套用西方文学经典，如周星驰主演的《大话西游之月光宝盒》《大话西游之仙履奇缘》，分别翻译成 Chinese Odyssey1：Pandora's Box 和 Chinese Odyssey 2: Cinderella。1947 年的老电影《忆江南》叙述两姐妹的故事，翻译成英文为 Tale of Two Girls，套用狄更斯的作品《双城记》的英文名"A Tale of Two Cities"。另外还有中文电影片名的英译套用了英文歌名，例如中文电影《旺角卡门》英文片名 As Tears Go By 是 Marianne Faithful 在 20 世纪 60 年代歌曲；电影《春光乍泄》的英文片名 Happy Together 是 Frank Zappa 的歌名；电影《花样年华》的英文片名 In the Mood for Love 也是模仿英文歌名。此外有些中文电影片名的英译还套用英文经典词语，如电影《纵横四海》Once A Thief，套用英文谚语"Once a thief, always a thief"。中文电影《宝贝计划》英译为 Rob-b-hood，套用英语文化中典故 Robin Hood，此人是杀富济贫的英雄好汉，翻译时将 Robin 改译为 Rob-b，主要讲述其抢劫婴儿和利用婴儿敲诈勒索的事情。

本章小结

本章先分析了电影片名的模因特点，然后分别提出了模因基因型和模因表现型电影片名的汉译方法。从翻译模因论的角度，我们可以发现，电影片名的翻译过程实际上就是源语模因到译入语模因的转化过程。在电影片名翻译的过程中，首先一部电影是一个模因综合体的载体，负载着整部影片的思想内容和文化背景。整部电影的中心思想是核心模因，之外还有体现文化背景的各种模因。译者接触到了原版电影，就成了该模因的宿主（host）。而在翻译电影片名的过程中，译者既是源语模因的解码者和被感染者，又是源语模因的传播者。因此，译者需要充分考虑到源语模因及目的语模因各自的特点，在翻译时选择最恰当的模因，来达到生成最有效、最成功的译入语模因的目的。根据不同的源语片名模因，以及可能生成的译入语片名模因的各自特点，再综合考虑电影片名翻译所需达到的效果，在编译模因的新载体也就是汉译片名的过程当中，译者可以采用模因音译法、模因直译法、模因增减译法、固定模因套用法。模因论为研究电影名翻译提供了一个全新的视角。从翻译模因的角度来研究语用现象能够给我们带来更多的发现，并且这一研究本身也加强了语言模因论特别是翻译模因论与翻译实践的联系。有了模因论的指导，电影片名的翻译实践将得到新的理论支持。同时，与社会语用现象的更多的联系也将不断完善模因理论。

本章主要参考文献：

［1］柴清丽.电影片名的语言模因传播现象探析［J］.重庆科技学院学报（社会科学版），2011（1）:156-158.

［2］刘红见.模因翻译论视阈下中文电影片名的英译探究［J］.电影评介，2015（19）:110-112.

［3］刘晓怡.模因视阈下的电影片名特点分析［J］.电影评介，2012（19）:83-85.

［4］邱竹.浅析模因视角下的电影片名［J］.才智，2013（6）:227.

［5］冉明志.翻译模因论视域下的英文电影片名汉译［J］.电影文学，2014（11）:149-150.

［6］汪世蓉.实用英汉互译教程［M］.武汉：武汉大学出版社，2015.

［7］魏晓斌.模因论视角下的电影片名翻译研究［J］.电影文学，2013(16):156-157.

［8］尹剑波.翻译模因论视角下的英文电影片名汉译［J］.安徽科技学院学报，2011，25（2）:93-96.

第八章　电影字幕翻译

　　近年来，中国已经引进了大量优秀的外国影片，出口了一定量的国产影片，由此带动了大规模的影视翻译活动。不管是英译汉还是汉译英，都是将电影推向更广阔世界市场的有效方式。而现代生活节奏的加快使得人们更加青睐影视字幕翻译。因此，电影字幕翻译已经扮演着越来越重要的角色。但是，目前我国的影视字幕翻译作品还处于低水平状态，传统上大部分电影字幕翻译都不尽如人意，而且从事影视字幕翻译的专业机构屈指可数。目前较为流行的是网络上许多业余影视字幕翻译团体，这部分人员主要是影视爱好者，他们缺乏系统的理论指导和翻译技巧，有些甚至完全凭借自己的感觉和经验进行翻译，求快甚于求准，又缺乏统一的规范，注重翻译实践甚于研究影视翻译理论。因此影视字幕的翻译水平良莠不齐，甚至有些优秀的影片由于翻译的缺陷，使观众无法欣赏。相对于影视作品的巨大影响，对影视翻译的相关研究可以说是十分缺乏。一些学者及译者也注意到这个新兴且特殊的翻译领域，开始对影视字幕翻译进行研究与探讨。但是无论从研究数量还是从研究的深度来说，都不能令人满意。概括来说，目前的影视字幕翻译研究理论指导不够充分，多数研究单纯从语言表层进行分析，研究缺乏理论依据，不够系统，也并不适合用来解决实际问题。由此可见，早日形成我国自己的影视翻译研究理论体系尤为重要。

第一节　电影字幕翻译的基本概念

一、电影字幕翻译的定义

字幕即电影和电视剧中的对白语言文字。字幕翻译即语际翻译，是一种将源语言翻译成目标语言并置于屏幕下方，同时保留影视原声的过程。字幕翻译是一种特殊的语言转换类型，是原声口译的浓缩的书面译文，是源语言化、口语化、集中化的笔译。据 Mark Shuttleworth 和 Moria Cowie 所著的 Dictionary of Translatiotn Studies 中的定义，字幕翻译指为电影和电视节目中的对话提供同步字幕或题注的过程。字幕可以是语际的，也可以是语内的，既可以是开放式的，也可以是封闭式的。在信息爆炸的时代，人们一方面希望能尽快欣赏到来自世界各地的影视作品，另一方面又并非所有人都通晓外国语，急不可耐的人们转而求助字幕，以期待尽快欣赏到新鲜出炉的影视作品，又能感受到原声带来的震撼（谢希，2007：606）。字幕翻译的主要对象是电影、电视剧和所有需要字幕的视频节目和文件等。字幕需根据原节目需要，在后期通过技术手段在屏幕上加图片、文字，起到解释说明的作用。以电影字幕为例，电影字幕翻译指在电影播放中，通常显示在屏幕下方，对片中人物对白和其他相关信息的补充说明（徐琴，2008：236），也可理解为在不改变电影原声对白的情况下，为该语言声道添加另一个重要语言视觉通道元素——目的语字幕，即以文字形式表现源语影片中转瞬即逝的语音对白（邵巍，2009：89）。

二、电影字幕语言的模因特点

电影字幕翻译不同于书面文学语言，具有口语化、简洁性、通俗性和综合性等特点。这决定了影视翻译有着与其他类型翻译不同的特点，这也对字幕的译者提出了更高的要求，译者必须利用有限的银幕底部空间，用尽可能简洁明快的语言将影片的精神传递给观众，要让观众一看就懂。电影字幕语言是口语话的语言，译文也要求是口语化的，翻译电影字幕要符合以下要求。

（一）口语化

电影语言绝大部分是对白，占整个影片翻译量的98%以上，其他的如片头、片尾及片中一些有关地点等的翻译占比不足2%。因此对白是影片核心，优秀的对白翻译要遵从其口语化的语言特色，表现出口头语的特点，即简短、直接、生动，非正式语、俗语多，语气词多等（谢锦芳，2009：34）。因此在字幕翻译过程中，译者要把自己带入角色，准确把握剧中人物的个性，避免过于书面化的语言，力求语言性格化，使译文"言如其人"，符合人物的身份、性格特点，或文雅或粗俗，或温婉或热情，必要时引入俚语、粗口，甚至方言，以达到生动形象、切合人物形象的效果。

（二）简洁性

电影是视觉和听觉的多通道交际模式，字幕阅读和画面欣赏同时进行。在电影作品播放过程中，根据剧情的发展，字幕在屏幕上停留的时间往往很短暂，通常是2～3秒，字幕一闪而过，观众不能像读书那样反复阅读，仔细斟酌，这就要求字幕翻译除了要准确传递信息之外，还要注意对话的密度以及演员说话的速度，要做到译文简明扼要，一目了然。要让观众在短时间内理解内容，译者就需要采取一些归化的方法。这样能够让观众更好更快地理解并欣赏影片。归化翻译字幕中，常使用观众熟知的文化意象。例如，"There is no such thing as coincidence, just the illusion of coincidence itself"，本句如果完全按照原文翻译成"没有巧合这样的东西，有的只是巧合本身的幻觉"，会让观众感到费解，因此可以译为"根本就没有巧合，巧合不过是一种幻觉罢了"。

（三）通俗性

电影本身就是一种大众化的艺术形式，观众的主体具有多样性，由于大多数观众并不懂得其他外国语，也很少接触其他国家的文化，对观众而言，屏幕上展示的内容是最重要的。电影字幕翻译要符合广大观众的教育水平，尽量做到通俗易懂、老少咸宜。为了达到这个要求，电影字幕要尽可能选用通俗易懂的常用词和短语，避免使用晦涩难懂和过于具有国外特色的俗语和典故。在句式上，也要做到简明易懂，切勿冗长繁杂，也不要使用过长的分词结构、插入语和从句。例如"You little fool, you tired of life"可译为"小傻瓜，你活腻了"，此句中"活腻了"是一种高度口语化的表达方式，使译文更为生动，更加贴近生活。

（四）综合性

电影艺术属于综合性艺术，既是一门画面艺术，也是一门有声艺术。电影作品的制作者总是潜心挖掘画面的功能，一件道具或一个动作往往能起到"此时无声胜有声"的效果。剧中的音乐、其他音响效果、演员的表演与演员的对白是一个完整的统一体。电影作品除占主导地位的口头语言外，还包括背景音乐、肢体语言等，且这些语言不仅不相互孤立，而且相互作用，共同构成影片不可或缺的部分。字幕作用的充分发挥，不单单是屏幕下方那一行行的文字，它同时还结合了许多因素在里面。如语言与动作的结合，静态的字幕与动态的画面的结合，口头语与非口头语的结合，等等。字幕的出现基本未改变原片图像和声音信息，观众接收的字幕信息和原声信息会发生交互作用，字幕不能表达或表达不充分的，观众可从原声中得到补偿，因此译者在处理字幕翻译中的文化信息时，要注意这种策略的运用应和电影画面有机结合起来，充分发挥图片的说明性和解释性，以达到文化交流的目的。

（五）文化性

中外电影尤其是经典影片，无不融入了文化成分。电影是一种很好的了解异域文化、欣赏异域风情的媒介，所以通过打"文化牌"来达到吸引外国观众的目的，是中外电影的上策之举。所谓"文化牌"，就是要在画面、语言等方面进行文化元素的融入，其中，文化词语的出现就不可避免，字幕翻译也不可避免地要处理这些文化词语。而电影字幕翻译中的文化信息（Cultural Information）是翻译中最难处理的地方。由此可见，译者作为文化交流的中介，其翻译目标是促进不同文化的交流，减少文化差距（Cultural Gap）。在字幕翻译中处理文化信息有三个原则：文化补偿、文化移植和文化协调原则。文化补偿目的在于保存异域文化特色，使观众对不同语言和文化有所了解。而文化移植原则能使字幕读起来比较地道和生动。

三、电影字幕翻译的误区

近些年来，随着电影产业的快速发展，我国影视字幕翻译也呈现出快速发展的态势。由于语言格局的特殊性，我国的字幕翻译理论研究开展较晚，发展较西方也相对滞后，更是缺乏行业规范和标准，目前，我国字幕翻译质量参差不齐，存在一些误区：

（一）词义的理解错误

例如：

Charles: He refused to fight.（查尔斯：他拒绝打仗。）

Ashley:Not quite that Charles，he just refused to take advantage of you.（阿什礼：不是那样，他只是不想利用你。）

这里的翻译没有考虑到具体语境。"Fight"在这里并不是指真正的战争，而是查尔斯看不惯瑞德的高傲，想挫他的傲气，挑战他。了解语境后，才知道查尔斯想表达的是他不敢接受挑战，而阿什礼的回答"take advantage of"并不是"利用"的意思，而是占便宜。因此，这段对话应译为：

查尔斯：他不敢接受我的挑战。

阿什礼：并非如此，他只不过不想占你的便宜。

（二）不考虑目标语表达习惯

中英文化存在比较大的差异，表达习惯各异。在很多情况下，译者没有考虑目标语的表达习惯，会出现很多英式中文的译法。例如"Excuse me，Warner"的译文为"失陪，华纳"。这句话的译文是按照外国人的表达习惯翻译的。但根据实际语境来看，译文是不准确的。当时华纳正在跟同学聊天，Elle 想插一句话。根据中国人的表达习惯，翻译成"打扰一下"会更好。

（三）译者的责任心有待提高

在字幕翻译过程中，也有很多漏译和错译的例子。一部分原因在于译者的专业素质不够强，缺乏责任心。有时译者为了追求速度，也会忽略译文的质量。例如，"And I'll assure you our patience is running out"的译文为"我要让你知道，我们的病人越来越少了"。"Patience"和"patient"很相似，发音也接近。但两个单词意思不同，"patience"意为耐心，"patient"是"病人"的意思。然而译者或许为了追求速度，将两者混淆，而出现误译的情况。有点文化背景的观众就能看出，电影里不是表达这个意思，这句话应该翻译成："我跟你说，我们等得不耐烦了"。

（四）标点符号错误

具体来说，在多人同时对话的场景中，字幕翻译没有在每个人的话前采用"——"标记来进行区分。译者在翻译时也会有不顾及前后文的情况，把时间或标点符号当作断句标准。例如某影片中的"he is the man..."，译者看到这句话后会立即译为"他是一个男人……"，而后半句话为"...who killed Bill"。应该把这句话完整地翻译出来，即为"他就是那个杀掉比尔的人"。造成断句错误的原因还有字幕格式的问题和原句过长等原因。

第二节　基于模因论的电影字幕汉译方法

作为介绍和解释文化的手段，电影字幕的翻译对于影片接受者理解影片起到了重要的作用。怎样在尊重目标语且体现其语言艺术性的前提下又不歪曲对源语的理解，这对于电影字幕的翻译来说，是个不小的挑战。观众阅读字幕的过程是宿主注意理解模因和接受同化的过程。字幕翻译应以观众为中心，减轻观众的认知负荷，让模因的同化畅通无阻。作为电影的接受者，电影字幕的转换是非常快的，因此其翻译需要易于理解，又让受众回味无穷。在模因论的指导下，当前的电影字幕翻译可分为模因基因型和模因表现型两大类。

一、模因基因型

（一）同形同义信息直接传递

例如好莱坞影视大片《盗梦空间》有一句台词"If you can steal an idea from someone's mind，why can't you plant one idea instead"，本句中英语和汉语相对应，可直接译为"如果可以透过梦境窃取意念，为何不能植入意念呢"。

（二）异形同义传递

虽然说模因论的兴起是近几年的事情，可是对于模因论在翻译中的运用却是发生在很久以前。《魂断蓝桥》中有这样的翻译：

That we're broken. Flat broken. Down to our last tin.（我们破产了。一穷二白。已经花到最后一个铜板了。）

Have you taken to shop lifting？（你到商店里顺手牵羊了吗？）

以上两则闪烁本土化语言光芒的字幕翻译都出自《魂断蓝桥》。"一穷二白"和"顺手牵羊"是地道的本土语言，它们都由相同的信息直接传递，意义没有发生改变。译者使用本土语言中的经典语言模因完成翻译，让字幕在短暂的出现时间里，展露出最大的魅力。又如在《史前巨鳄3》中有一句台词"Parents' number. And not the fake one, either"，可翻译为"家长号码多少呀，还有，别忽悠我给我假号码"。译者采用了"忽悠"一词。忽悠本是我国东北的方言，有"编瞎话"的意思。后来，在赵本山和范伟的春晚小品《卖拐》中，该词得到了推广。这个地域特征十分明显的词，成为了当下的流行语。译者将这个语言模因运用在翻译中，让人忍俊不禁。这种直接采用的方式为"相同信息的直接传递"，因为"忽悠"一词在此的意义并未发生改变，都有"欺骗"之意。再如《神勇飞鹰》中有这样的对话"Cynthia：We've checked you out, Timmy. Juvenile offender record as long as Constitution Avenue"。此句中的"Constitution Avenue"（宪法大街）是美国首都华盛顿的一条东西走向的大街。如果直译为"你的青少年犯罪记录就像华盛顿的宪法大街一样长"，那么缺乏相关文化预设的中国观众可能会感到十分费解，不知所云，并且在字幕和配音方面也很难处理。因此，最好还是意译为"你的犯罪记录有厚厚一大叠"。所以本句的翻译为：辛茜亚：我们查过了，蒂米。你的犯罪记录有厚厚一大叠。

二、模因表现型

（一）同音异义横向嫁接

模因原作品中承载的模因复合体，通过译者进行最大程度地复制，是模因成功传播的关键所在。两种文化之间存在一定的共通之处，因此我们要遵循语言的常规，去发掘原有语言中存在的无限的表达方式，创造性地运用语言。例如《史前巨鳄3》中来自无极网的电影字幕翻译：

I don't care your baseball cards.（我才不管你的棒球卡神马的。）

Then that would make me Reba. Have a seat.（那姐就是莱芭了，坐吧。）

很明显，当输入"sm"时，"神马"是搜狗拼音出现的第一个词，表示"什么"，它是"什么"一词的变体，属相同的信息异形传递，是当下流行的网络用语。谐音这种现象我们在网络语中见到很多，类似的有"帅锅"，即帅哥，还有"大虾"，即大侠、高手，"河蟹"即"和谐"，"鸭梨"指"压力"之意。这些词都是用同音或者谐音的词来表达同一个意思，也都属于相同信息的异形传递。

（二）同形联想嫁接

And, Nathan, I swear to God my eyes were open the whole time.（还有，内森，我向毛爷爷起誓，我从没玩忽职守。）

I believe a boy scout should always be pre pared.（我想红卫兵是该时刻准备着。）

这两句都选自《史前巨鳄3》的字幕翻译。"毛爷爷"和"红卫兵"都是中国近现代史上人们所熟知的名词。在这里，译者将 God 一词译为了"毛爷爷"（即毛泽东）。"毛爷爷"是"毛泽东"的变体，不会影响我们理解。西方的信仰是上帝，而我们的国情是社会主义，信仰的是马克思唯物主义。毛泽东作为领袖，也从某种意义上代表了我们的精神信仰。红卫兵是中国文化大革命时期的特殊人群，主要由年轻的学生组成，这一点与原文的scout（童子军）有相似点。毛爷爷与红卫兵都是我们文化中的死模因，现在通过基因模因的异形传递，使得这一模因再次成为活模因。另外还有：

We'll be taking tea in the west drawing room.（请至西厢房暂歇。）

Well, he's quite the catch, isn't he?（看看你钓的金龟婿。）

Lord Barkis, I trust the room is to your liking.（巴克斯伯爵，我想你一定是无事不登三宝殿。）

以上三则翻译选自《僵尸新娘》（Corpse Bride），译文中提到的"西厢房""金龟婿"以及"无事不登三宝殿"等习语和俗语，都是中国文化所特有的文化模因。而这些文化模因与源语的功能有异曲同工之处。其中"西厢房"让我们想起了《西厢记》，它为死模因，同时也是"客厅"的变体，"金龟婿"和"无事不登三宝殿"仍为活模因，它们是相同的信息直接传递。译文对原文进行了偏离的翻译，更加尊重了目标语的风格，使得观众对于电影的理解更加深刻。

（三）同构异义横向嫁接

"姐"一词，近来也是十分火爆。"姐"原本是指比自己大的女子，但在网络用语中就变了面目。现在出现了诸多的"姐"，有芙蓉姐姐、凤姐、蝴蝶姐姐等等，特指那些靠"雷功"雷倒众生的女性。而这里采用了"姐"这个网络模因来进行翻译，突出了说话人的自嘲意味。它属于"我"的指称变体，为相同信息的异形传递。与"姐"一词相对应的，当然还有"哥"。譬如大受追捧的"犀利哥"、"淡定哥"等，下面一则翻译摘自无极网的《在云端》，也大有戏谑的意味：

How am I meant to go back as a man and ex-plain to my wife I lost my job?
（哥是爷们儿，该怎么跟老婆解释我失业了？）

第三节　基于模因论的电影字幕英译方法

在电影"走出去"战略目标中，电影字幕的实质是通过电影贸易，实现对外文化传播，塑造一个国家的良好形象，提升国家文化软实力。随着"中国走向世界"的观念日益深入人心，越来越多的电影被介绍到西方。然而一些在国内颇受好评的电影，到了海外却遭受冷遇。比如 2017 年在国内创下良好口碑和超高票房的电影《战狼 2》在北美的境遇就不太好。在美国地区上映 3 天时间，排片方面一共只有 53 场，单场票房为 3585 美元，总票房为 19 万美元，即便是折合人民币，也只有 128 万左右。毋庸置疑，中国电影在技术、营销和电影字幕阵容中都已向国际先进水平靠拢，越来越多的业内人士认识到，要让这些优质电影走向国际市场，电影字幕的翻译水平是关键制约因素。模因论是关于文化之间传承、进化与变异的理论。作为一种跨文化交际活动，翻译过程就是一种模因传播过程，是对源语模因进行重新解码、编码、重组的信息流通过程。模因论为电影字幕的英译提供了一定的理论依据，源语中的文化专有项通过信息模仿、复制的模式，引入译入语，传播了源语的文化，同时也丰富了目的语文化。在翻译过程中，译者要充分考虑到源语和目的语在语言、文化上的差异，采用变通的翻译方式，最大限度地达到源语模因在目的语文化传播过程中的保真。模因传播是一个动态的传播过程。何自然教授将翻译模因库里的模因划分为基因型和模因表现型，认为前者源语与译出语的转化是一种原信息的等值或等效的纵向传播，以区分出等值和等效两种模因复制形式，其中还可以区分出语义等值／等效模因和语用等值／等效模因。后者翻译模因表现为信息从源语到译入语的转化过程是一种非对等的横向复制和扩散。这时的译入语尽管没有脱离模因的基因，但它的表现则是多样的，包括意译模因、节译模因、略译模因、译述模因、译评模因等翻译模因变体。本章将参照何自然教授的观点，并结合电影字幕的翻译特征，将电影字幕英译分为音译模因、直译模因和变体模因三种模因复制方式。

一、音译模因

音译模因是一种音位层级的翻译模因，即将电影字幕源语模因以一种近似的发音方式转换成目的语电影字幕的模因的翻译方式。汉译英中，音译模因就是将电影字幕里的中国普通话的汉语拼音发音转化到英语电影字幕中。音译实乃"不翻之翻"。唐代译经大师玄奘提出了著名的"五不翻"原则，认为对于具有神秘色彩的事物、一词多义、目的语中词义空缺、约定俗成及出于尊重的情况均采取音译。在电影字幕翻译中，音译模因表现为电影中的部分字幕名、人名翻译。一部分地名，如果出现在电影字幕内部，而不是出现在标题中，译者能够通过电影字幕上下文对其意义作出正确判断，并且其地理位置不会影响电影字幕意义理解的时候，就采取音译形式，如电影《风声》中"我本是卧龙岗上散淡的人，论阴阳如反掌，保定乾坤"译为"Unfettered in the wild wastess, I mastered yin and yang, and knew the heavens"。本例中汉语字幕的"阴阳"是汉文化的经典表现，由于中华文化的影响力近年不断上升，"阴阳"已经像"功夫""太极""孔子"这些传统文化名词一样获得海外认同，所以译者选择了音译策略。

二、直译模因

如果源语模因在目的语文化中可以找到类似电影字幕的意象，使目标语观众以最少的努力理解电影原意，此时可以采用直译的方式来翻译。一部分电影翻译可以通过保留源语电影字幕的文风或手法的方式，使其宿主——译入语读者产生类似的语用效果。比如在电影《风声》中，当吴志国遭到审讯的时候，他说："那娘们偷我烟诬陷我。我哪懂摩斯码？你瞎了狗眼。是非不分。"这里吴志国扮演的是一个职业军人，所有的粗口、语法错误有助于表现人物的身份和当时他的气愤之情。可直译为"The bitch stole my cigarettes to frame me, I don't know shit about coudes. Youre fucking blind! She'd playing you"。

三、变体模因

如果源语模因通过音译、借译、直译的方法还不能使目的语读者理解和接受时，译者不妨侧重复制一些核心源语模因，通过变体形式传达源语的语用内涵。变体模因主要通过意译模因、略译模因、改译模因等形式来实现。

（一）意译模因

意译是保持原文的内容却不拘于原文形式的翻译方法。由于中西文化的差异，有时候不能直接使用译入语的模因取代源语模因，这时候可以通过改变源语的形式向译入语的宿主传达源语内容。不仅如此，由于电影时间和空间的局限性，电影字幕需要与演员的动作和台词同步；因此，很多情况下，意译显然要比直译加脚注更加符合电影的特征。例如《十二生肖》中 Bonnie 和 Simon 是 JC 的两个帮手，他们的婚姻面临着破裂的危险，女儿给他们寄来了一封想让他们和好。信中说"两个五十分的人在一起才能给她一百分的成长环境"。对孩子而言，有爸爸妈妈的家庭才是完整的。

句子中"两个五十分的人"分别指爸爸和妈妈。因此,译者可将"五十分的人"意译成 mother 和 father。整个句子可译成"A family with mother and father can promise her a decent environment to grown up"。

(二)略译模因

略译是指翻译过程中省略次要或译入语读者难以理解的信息,但不影响译入语读者对源语的理解。在翻译电影字幕时,如果忠实地翻译原文,可能使电影字幕变得过长,过于烦琐,这样会给观众带来阅读障碍,为此,可以使用浓缩翻译法删减无关的语言信息或细节,来传达源语模因。例如电影《金陵十三钗》中约翰与教会女学生碰面的时候问起教堂在哪里:"You know where it is",在翻译的过程中,译为"它在哪儿",由于说话双方都知道指的是什么,所以无需译出"你知道"。另外一处电影字幕,说起教父,他提到"well,not your father",其中根据剧情,其意思应该是"不是你的父亲,而是神父",但是在影片字幕翻译中仅译为"是,神父"。

(三)改译模因

改译和改写是密不可分的,以勒菲弗尔(Lefevere)为首的学者甚至将翻译中的改写进行放大,认为所有的翻译其实都是一种改写。因此,改译可以看作是重释、改变或者操控源语文本的过程。电影字幕翻译中,改译模因是通过对原文形式的改写来实现的。通过这种形式的模因转换,译入语读者一方面欣赏到源语的形式美,另一方面也获得与源语读者近似的意象。例如《大话西游》这部后现代电影表现了古老佛教的因果爱情观,既感动了无数的青年,也为现代爱情的困惑作了巧妙的开脱。因此,电影台词中出现了很多佛教的术语和神话故事中的人名。鉴于西方的主流宗教并不是佛教,西方的观众对中国神话故事也未必了解,所以在翻译的过程中,译者就使用了改译的策略,例如,"玉皇大帝"和"悟空"都是中国古典名著《西游记》里面的人物,如果翻译为"Yu Huang Da Di",对外国的观众而言是没有任何意义的。如果用解释的策略,那么短短的字幕又没有足够的时间和空间容纳这么深厚的历史文化，观众也无暇消化。鉴于电影中的玉皇大帝住在天宫，改译为"Heaven Emperor"，那么外国人就能够理解他是"天堂的皇帝"了。

本章小结

电影字幕翻译是传递影片内容、塑造人物形象、表达影片主题的重要途径，有着迎合观众欣赏电影字幕、提高影片票房收入等作用。字幕翻译一方面必须尽量译出原文本文化的语言特色，同时也要吸纳外语表达的特点；另一方面又必须恪守本族文化的语言传统，用具有译入语文化色彩的词语来翻译原文本。进行字幕翻译的译者需要选用准确生动的语言再现原片的思想性和艺术性。字幕翻译是融艺术性与技术性为一体的创作，译者需要尽可能地保持原作风格，以译入语观众为中心，灵活地采用不同的文化信息手段来处理每个具体的字幕翻译，创作出让观众接受和喜欢的翻译作品。电影的字幕翻译是文化交流中必不可少的重要一环。如何在创新与怀旧的氛围中进行翻译，模因论给了我们相对具有解释力和操作力的解决手段。读者需要对译文的原模因文本有所了解，否则就不能理解译文的妙处。

本章主要参考文献：

［1］陈韵，任利华. 模因论视角下的英文电影字幕翻译［J］. 电影文学，2013（10）:145–146.

［2］程尽能. 跨文化应用翻译教程：英译汉＋汉译英［M］. 北京：北京语言大学出版社，2015.

［3］姜晓. 电影字幕翻译对国产电影海外发展的重要性［J］. 中国电影市场，2012（2）:28–29.

［4］牛震. 电影《十二生肖》汉译英字幕翻译研究［J］. 濮阳职业技术学院报，

2013，26（4）:81-83.

　　[5]王海.传媒翻译概论［M］.广州：暨南大学出版社，2011.

　　[6]赵翊翔，周雪婷.模因论视域下的电影字幕英汉翻译［J］.长春工程学院学报（社会科学版），2011，12（4）:81-83.

　　[7]郑世高，戴卫平.英语语言功能研究［M］.广州：世界图书出版广东有限公司，2015.

第九章　新闻翻译

　　新闻是指报纸、杂志、广播、互联网等媒体使用的记录社会、传播信息、反映时代的一种文体。从社会和历史的角度来看，新闻经历了不同的发展阶段，从原始的口头新闻和手抄新闻到现代的网络新闻，不同形式的新闻是适应人类在社会实践活动中沟通信息这一需要而产生的。科技的发展对新闻的传播有着重要的影响。当代，随着互联网技术的成熟和广泛应用，新闻传播速度得到了前所未有的提高，传播范围也出现了前所未有的扩大，地球正变成一个村落。

　　翻译是世界新闻得以传播的必要手段，因此，新闻翻译工作需要不断地完善，指导新闻翻译的理论也需要不断地丰富。以往对新闻翻译的研究多从功能目的论、关联理论、变译理论、修辞美学和跨文化交际等角度着手，到目前为止，还没有人将模因论运用于新闻翻译方面的研究。新闻文体是常见的实用文体，是一种书面语体，行文比较正式，语法比较规范，主要用于报道消息、告知情况，内容涉及政治、经济、军事、外交、科技、文体以及宗教、法律、刑事、家庭等方面。从类型来看，新闻主要分为时事报道、社会新闻、社论、特写、书评、广告等。从内容上来看，客观性、准确性是汉英新闻的核心构成因素，但由于社会文化背景的不同，同一篇新闻仍会因读者的阅读兴趣而在叙事角度和侧重点上有所差异。另外新闻在语言和文体方面也各有特色。由于篇幅关系，本章主要探讨基于模因论的新闻标题和时政新闻的翻译问题。新闻标题浓缩概括全文的中心问题，最讲究突出重点，吸引读者注意力，是新闻的"眼睛"。新闻报道时效性强，因此往往言简意赅，语言生动活泼且注重修辞手段的运用。这与模因的传染性的本质特征不谋而合。新闻语言一旦具备了模因的特征，就会像病毒一样得到迅速的、广泛的传播，新闻传播的目的也进而能得到实现。因此，我们可以说，模因论为新闻翻译提供了一个崭新的研究探讨视角。

第一节　新闻标题的语言特点

其实，无论是英语新闻还是汉语新闻，都存在很多成功的新闻语言模因。新闻语言模因成功的关键是要引起新闻受众的注意，进入他们的记忆，使其受到感染，并得到他们的接受和认同，最终借助他们的大脑使自己得到复制和传播。得到成功复制和传播的模因往往具有易于记忆的特点，"有很多模因之所以能够成功地广为传播，在很大程度上是因为它们易于记忆，而不是它们重要或有用"（Blackmore，1999：57）。同样，新闻语言模因之所以能在新闻受众中得到广泛复制和传播，在很大程度上也是因为他们易于被广大新闻受众记忆。语言中的成语、谚语、俗语、名言、诗词名句是一个民族智慧的结晶，它们作为语言模因复制能力强，传播范围广，存活时间长，得以世代流传。这些语言模因内容丰富，语言精炼，通俗易懂，便于记忆，其语言特点符合大众的记忆机制和认知特点，在大众之中广为流传。如果把新闻信息依附在这些具有广泛群众基础的语言模因上，可使新闻语言模因容易被新闻受众理解、接受，并进入他们的记忆。在适当的时候，新闻受众会对这些新闻语言模因进行重新编码和传播，使新闻语言模因成功复制和传播。

一、词汇特点

（一）广泛使用名词和简短词

简洁是英语新闻的基本特点，因此在标题中经常会出现短小精悍的简短词，即万能同义词。如"US Oil Output Estimate Jumps"中，"jump"一词常用来表示"增加"，可译为"美国大幅上调原油产量预测"。再如"Shanghai Tops PISA"中，"PISA"指经合组织（OECD）筹划的国际学生能力评估计划（Programme for International Student Assessment），"top"作为动词使用，意思是"夺冠"，标题可译为"上海学生在国际测试中夺冠"。

（二）使用时髦词

当代社会发生着日新月异的变化，新的社会现象、思想观念、发明创造等，都需要用新词来命名。许多新事物、新思想首先出现在新闻媒体中，表示这些新事物、新思想的词就是"时髦词"。翻译的基本原则是根据词形和上下文判断出词义，查阅词典或专业参考资料求证，再使用直译、意译或解释性翻译。如"Mouse Potato"（英国《独立报》1997年2月2日）一词与"couch potato"颇有渊源。我们通常把整日坐在沙发上，身旁摆满了零食，边吃边看电视的人叫作"couch potato"。"mouse"（鼠标）指代电脑，"mouse potato"指整天坐在电脑前的人，即"网虫"。再如"Early Adopters of Technology"（英国《独立报》1997年2月2日）指的是有什么新产品上市，都得赶在别人之前用上的人，可译为"科技潮人"。

（三）使用缩略词

英语缩略词有两种，一种是首字母缩略词，即把几个单列的首字母连成一个词。这种缩略词主要用于表达组织机构和人们熟悉的事物，如"UN Inspectors Find Evidence of Sarin"（《金融时报》2013年9月17日）中，UN即"United Nations"的缩写，可译为"联合国调查员发现叙利亚使用化武证据"。再如"NEET Generation"（英国《卫报》2004年11月2日），NEET指的是"not education, employment or training"，即"不上学，不工作，也不参加培训的年轻人"，可译为"啃老一族"。第二种是缩写词，即将一个长词缩短形成的一种简单的拼写方式。其构成方式不尽相同，有截头法，有去尾法，有截头去尾法，有保留头尾法，还有一些不规则的裁剪词。

（四）使用数字

数字也经常在新闻标题中出现，如"Hurricane Ingrid，Tropical Depression Manuel Hit Mexico，Killing 21"（美国有线电视新闻网 2013 年 9 月 16 日），数字"21"简洁醒目，表明灾害事件的后果，可译为"飓风'英格丽德'和热带风暴'曼努埃尔'夹击墨西哥，21 人死亡"。

二、语法特点

（一）时态以现在时为主

新闻是新近发生的事情。因此英语新闻标题的时态主要采用一般现在时。一般现在时除了表示现实存在的事实外，还更多地用来叙述已经发生了的事，增加新闻报道的现场感和生动性。如"Chavez's Socialist Dream Fades Fast"（《金融时报》2013 年 4 月 15 日）和"Greenpeace Icebreaker Leaves Arctic Water"（《金融时报》2013 年 8 月 26 日）中"fades"和"leaves"都用了现在时来描述已经发生的事实，用来突显新闻的时效性，分别译为"查韦斯主义的梦醒时分"和"绿色和平破冰船离开北极水域"。

（二）频繁使用非谓语动词

正在发生的事情用现在进行时，但往往只用动词的 –ing 形式，省去了系动词 be 及其时态变化。如"Nigella Lawson Facing Scotland Yard Drugs Investigation"（英国《每日电讯报》2013 年 12 月 21 日）译为"奈杰尔·劳森面临伦敦警察厅毒品调查"。在叙述将要发生的事情时，经常用不定式或者 will，因为它们占用篇幅最少。如"Manic Monday to Be Biggest Shopping Day of Year"（英国《每日电讯报》2013 年 12 月 22 日），完整形式为"Manic Monday Is to Be the Biggest Shopping Day of the Year"，"is"被省略，可译为"疯狂星期一，年终大血拼"。

（三）省略现象多见

新闻标题常常只用实词，省略较多的是虚词，如冠词 "a / an / the"，系动词 "be"，助助词，连接词等。如 "Military Pension Cuts Now Unsure: Changes Likely"（《华盛顿邮报》2013 年 12 月 23 日）的完整形式为 "Military Cuts Are Now Unsure: Changes Are Likely"，可译为 "军饷打折犹未可知"。

三、修辞手段

英语标题中常使用的有比喻、头韵、对比、借代、讽刺、双关、重复、夸张等修辞格。如 "Argentina Downs Ivory Coast in Debut"（美国联合通讯社 2006 年 6 月 11 日）运用了借代修辞，"Ivory Coast"（象牙海岸）指位于西非的科特迪瓦共和国，因为当地生产象牙，可译为 "揭幕赛阿根廷战胜科特迪瓦"。再如 "Great goals，great fans mark opening games"（路透社 2006 年 6 月 15 日）运用了头韵这一英语中较为常见的修辞，读来朗朗上口，可译为 "世界杯开幕，进球精彩，球迷狂喜"。再如 "Arctic melt is 'economictime bomb'"（英围《金融时报》2013 年 7 月 25 日），将北极冰融所带来的经济损失比喻成定时炸弹，可译为 "北极冰融是'经济定时炸弹'"。

四、巧用习语和典故

"Mexico Out But Not Down after Elimination"（美国联合通讯社 2006 年 6 月 24 日）套用了成语 "down and out"，原指选手在拳击比赛中被击倒而在规定时间不能站起会被淘汰，这里将这个成语拆开，表示虽然墨西哥队出局（out），但并没有被击倒，既显示了墨西哥队的顽强精神，又一语双关，增添了俏皮的味道，译为 "墨西哥输球不输人"。再如 "Time Waits for No Man，Not Even Zidane"（路透社 2006 年 6 月 19 日），法国队在小组赛前两场中表现不佳，球员齐达内还被禁赛一场，而且他在世界杯结束后即将退役。根据谚语 "Time and tide wait for no man" 改写的这个标题，指出法国队和齐达内的困境，译为 "时不待人"，给人以悲怆的感情色彩。

五、套用小说、电影名或其中的人物形象

新闻标题常常借用大家熟悉的文学作品或其中的人物形象的名字，根据具体的内容对个别字词做相应调整，使标题形象生动。如 "A Tale of Two Mountains"（《金融时报》2012 年 3 月 7 日），改编自英国作家狄更斯的小说名 A Tale of Two Cities，新闻讲述了记者在中国莫干山和雁荡山的旅行见闻，对中国绿色乡村旅游的前景予以判断，译为 "在中国拥抱绿色"。再如 "At Some Schools，Big Brother Is Watching"（美国联合通讯社 2013 年 12 月 4 日），新闻报道的是美国格伦代尔学区的一些学校借助科技公司监控学生的网络发言，"big brother" 是 1949 年出版的英国作家乔治·奥维尔的幻想小说《1984》里的人物，该书描绘了 "未来的" 1984 年的社会现状，其中有一个无处不在的统治者 "Big Brother"，每时每刻都在监视着其他人的一举一动。新闻作者借用这个人物指代科技公司的监控技术。根据新闻内容，标题可译为 "学生网上发言，学校该不该管"。

第二节　新闻标题的模因分类

新闻语言模因成功的关键就是要引起新闻受众的注意，进入他们的记忆，使他们受到感染，并得到他们的接受和认同，最终借助他们的大脑使自己得到复制和传播。语言模因的复制不是指原件和复制件从内容到形式都完全一样。"语言模因在复制、传播的过程中往往与不同的语境相结合，出现新的集合，组成新的模因复合体"（何自然，2007:157）。语言中的成语、谚语、俗语、名言、诗词名句等是汉语民族智慧的结晶，新闻编辑者根据不同语境的需要对其进行直接引用，或者进行模仿创新，有利于迅速捕获读者稍纵即逝的注意力，并借助这些强势模因强大的传播效应来提升新闻

自身的吸引力和影响力。总体来说，英语新闻标题中的语言模因的复制和传播有"内容相同形式各异"的基因型和"形式相同内容各异"的表现型两种（何自然，2005：54–64）。

一、基因型新闻语言模因

基因型新闻语言模因指的是在新闻标题中直接引用强势模因。基因型模因传播的本质为内容相同形式各异，即在复制与传播过程中，基因型模因的表现形式可能一样，也可能不一样，但内容不会有变化。

（一）相同的信息直接传递

对于新闻受众来说，只有那些既贴近生活又生动活泼，且富有特色的新闻才能打动人心。在碰到与源语相似或相近的语境的情况下，新闻作者往往将固有的成语、俗语、惯用语等强势模因原封不动地直接引入到新闻标题中。新闻信息依附在这些具有广泛群众基础的语言模因上，既能突出新闻主题，又能使读者倍感亲切。如胡锦涛主席在纪念中共十一届三中全会30周年大会上提出的"三不"（不动摇、不懈怠、不折腾）已经在人们的生活中广为流传，成为强势语言模因。尤其是"不折腾"在时下已经成了流行语，在新闻标题中随处可见。例如：

规划不玩"过家家"，城市建设最好"不折腾"！（华龙网2009年4月25日）

领导干部有"法治头脑"才会出现"少折腾""不折腾"（中国共产党新闻网2009年4月24日）

阜阳"不折腾"（中国经营报2009年4月25日）

以上这些例子都是通过引用方式，将模因直接重复和传递，是模因基因型传播的一种方式。新闻编辑总是引领社会潮流和热点，以上新闻标题的妙处就在于借用了眼下人们最关注和熟悉的"热点"来吸引读者。使用现有强势语言模因的新闻既赶时髦，又生动形象，富有情趣。

（二）相同的信息异形传递

这是基因型模因的另一种传播方式，即以信息内容的复制为主旨，但表现形式却各异。在当今这个信息爆炸的时代，生活节奏不断加快，人们看新闻时，只看标题不看全文的现象很普遍。好标题是"媒"，是"诱"，能使读者自觉自愿地去亲近文章；而平淡的标题则是"离间者"，它拉大了读者与文章的距离，甚至扼杀读者的阅读愿望（许明武，2004：13）。可以说，新闻媒体的竞争始于标题的竞争。例如：

国人休闲时间大调查 法国人睡觉最多（新浪网 2009 年 5 月 8 日）

睡觉用餐时间长 法国人最"懒惰"？（新华网 2009 年 5 月 6 日）

研究表明法国人花在吃饭睡觉上的时间最多（国际在线 2009 年 5 月 5 日）

法国人成能吃能睡排行榜 冠军人均睡觉 9 小时（今视新闻 2009 年 5 月 5 日）

四则新闻的核心内容都是"法国人在吃饭睡觉上花的时间最多"，但标题的语言形式却不一样，这种现象即核心模因的异形传递。

二、表现型新闻语言模因

模因表现型传播的特点是形式相同而内容各异。表现型新闻语言模因会根据不同的语用场合和语境的需要，套用大众所耳熟能详的强势模因，对其固有的语言成分进行灵活变动，从而衍生出具有更好的传播效应的创新模因。模因表现型的传播方式有三种，即同音近音异义传播、同形联想传播以及同构异义传播。

（一）同音近音异义传播

同音异义语言模因指保留固有成语、谚语、俗语、名言、诗词等的结构模式，根据现实需要，用同音词、近音词替换原有的词，形成谐音效果。同音异义语言模因以词语的语音相似点、相同点为必要条件，选择对应的暗示词语，通过发挥读者的联想作用，来传递隐含的真正信息，往往能让新闻读者眼睛为之一亮，又能突出新闻的主题。这样的处理方法容易激发读者的阅读兴趣，也能突出新闻的主题。如"Tick, Tick, Tick ... Talk"（CNN, Aug10, 1998）美国前总统克林顿因为和莱温斯基传出性丑闻而面临国会弹劾，然而接受调查时克林顿总是闪烁其词。时间一分一秒在流逝，"Tick, Tick, Tick ... Talk"，该说点什么给大家一个交代了吧。标题作者模仿时钟行走时的声音"tick-tock"（"滴答"）来制造紧迫感，另一方面，"tock"与"talk"谐音，暗示民众正迫不及待地等着听总统说出真相。别出心裁的谐音双关，极具感染力，毫无疑问给读者留下了深刻的印象。

（二）同构异义传播

同构异义传播指的是模仿已知的语言结构而复制出一种具有全新内容的模因变体。在同构类推中充当模因母体的语言结构，一般都是一些给人以较深刻语言感受的经典诗词、名句、名段或名篇，因而易于被仿造，成为创造同构类推模因变体的源构，最后成为传播能力很强的表现型模因。新闻作者在保留原有强势模因基本结构的基础上，填入不同的内容，既符合了新闻编辑的需要，又提高了新闻的注意价值和记忆价值，让人过目不忘，又耐人寻味。例如"Samsung-Not All Android Are Create Equal"（Wall Street Journal, May 24, 2013），"All men are create equal"翻译成中文即"人人生而平等"。1776年，托马斯·杰弗逊在《美国独立宣言》的开篇就使用了这句话。新闻作者巧妙地将其改装成"Not All Android Are Create Equal"，表达了三星电子公司出品的新款智能手机正享受着智能手机领域"一枝独秀""唯我独尊"的待遇。经过改头换面以后的标题，既能恰到好处地符合新闻编辑的需要，又能提高新闻的注意价值和记忆价值，让读者过目不忘，回味无穷。

（三）同形联想传播

同形联想传播的语言模因在语言形式上没有发生变化，但运用于不同的语境，导致产生不同的联想意义。在新闻标题的撰写过程中，为了使新闻语言效果新奇有力，富有情趣，编者常常借助固有模因中某个词或词组与新闻报道的内容的相关关系，利用实际的语言环境，抛开固有模因的表面意义或常见意义，从而使读者形成新的理解。例如"Court Battle Peels Away the Apple Mystery"（Financial Times，Aug 8，2012），对将要发布的新产品一向保持神秘的苹果公司（Apple）目前正与韩国竞争对手三星在加州法庭上演诉讼大战，两者之间的知识产权纠纷不仅减少了可供苹果选择的营销策略，也使苹果公司出人意料的神秘感策略大打折扣。这则新闻标题匠心独运地利用了苹果公司的英文名字"Apple"，跟读者玩起了文字游戏，让人浮想联翩：一只"苹果"包裹着一层果皮，看似故作神秘，而随着外皮慢慢被剥去，隐藏的果肉渐渐暴露，神秘感已不再。同形联想传播的方式虽在形式上保持了词语的原貌，意义却被"移花接木"，这样造成了强烈的意义反差，出人意料却又在情理之中，令读者读来恍然大悟，忍俊不禁。

第三节　基于模因论的新闻标题翻译策略

标题是报道全文的缩写。在进行英汉标题互译的时候，应充分考虑两者的差异性，兼顾译入语的表达习惯（许明武，2004：248）。那么，新闻标题的翻译，要做到既不违背翻译宗旨，又要起到画龙点睛的效果，使新闻信息突破语言、文化和社会的障碍，在全球范围内得到广泛传播，就要有模因理论的介入。从模因论来看新闻标题的翻译，译者首先应当深刻理解源语中的源模因，尤其是要透过字面理解其深层意义。在翻译的过程中，既要做到不违背翻译的宗旨，又要有创意地通过各种翻译策略打造强势的新闻语言模因，在不曲解原意的情况下发挥汉语特点，以增强译文可读性，在文化背景缺失的情况下，注意译文的可接受性。何自然先生在《语言模因及其修辞效应》（2008）一文中总结了两种主要的语言模因复制方式：重复与类推，其中重复的表现方式为直接套用与同义异词，而类推则包括同音类推与同构类推两种方式。受此启发，翻译策略可以有重复策略和类推策略。其中重复策略是一种异化翻译，而类推策略是一种归化翻译，类推策略又包括四种翻译方法：直接引用法、同音异义法、同构异义法和同形联想法。

一、重复策略

重复策略指通过音译、意译和直译的方法重复源语中的模因，或保留读音，或保留语词，或保留形象，即"相同信息直接传递"（叶苗，2009:125）。换言之，重复策略是一种异化翻译，能把源语模因成功转换成目的语中的强势模因。随着全球交流的日益深入，不同语言之间的人们在政治经济文化等方面的交流越来越频繁，目的语读者完全有可能也有能力解码异国文化势模因。因此，重复策略便成为了模因传播的必然趋势。重复策略将一种文化及语言中的信息，以近乎其本来面目的方式，呈现给另一种文化的读者，一方面丰富了目的语读者的语言认知环境，为他们创造了学习异国文化的机会；另一方面，重复策略也有利于促进不同文化的融合，并丰富目的语文化。如："Using Maths to Explain the Universe"（英国《经济学人》2013 年 7 月 2 日），这个标题可直译为"用数字解释整个宇宙"。"America's Immigration Rules Are the Opposite of What It Needs"（英国《经济学人》2013 年 3 月 16 日），这一标题也还是以基本直译为主，运用成语"背道而驰"来表述源语的"the opposite of"，可译为"美国的移民规定与其国家需求背道而驰"。

二、类推策略

虽然英汉两种语言有差异，但文化的共性又使得相对的复制成为可能。类推策略是一种归化翻译策略，指的是在源语模因的基础上通过解释、对译和语用翻译等方法，类推出新的语言模因变体。源语中语言模因的读音、形象或结构被改变，但其信息内容得以保留。主要的方法有直接引用、同音异义、同构异义和同形联想。类推策略的优势在于缩短了源语文化与目的与文化之间的距离，使译文更加贴近目的语读者的认知能力与欣赏口味，有助于目的语读者理解源语文本中的核心模因。

（一）直接引用法

直接引用是指直接套用目的语中跟新闻报道内容相切合的固有强势模因的一种翻译方法。如："Alex Ferguson's Managerial Lessons Stretch Far Beyond Football"（路透社 2013 年 5 月 8 日）译为"弗爵爷传奇是怎样炼成的"。此新闻评论撰写于曼联官方宣前执教近 27 年的主帅弗格森赛季末退休之时，作者高度赞扬了弗格森的传奇执教生涯：将一支 19 年无冠的曼联推向了长期的竞技、经济双丰收。弗格森以谦逊、冷静的领导风格著称，善于学习，能够团结人，激励人，也能够坚持己见，目光长远。他的影响远远超越了足球界，堪称管理典范，值得各行各业的领导者学习。翻译时套用了文学名著《钢铁是怎样炼成的》，使译文具有强烈的文学色彩，同时传递出积极的评价意义。

（二）同音异义法

在这种新闻标题翻译模因传播模式中，以保留目的语中固有的强势模因结构为前提，用语音相同或相近的字词来替换原有字词的一种翻译方法。在汉语中，这种同音异义的字词用法比比皆是，尽管拥有几乎一模一样的读音，整个语言模因还是不同于原模因。这种译法的优势在于借助同音或近音的联系，可以让模因更加新奇有趣、引人注目和经久难忘。新闻标题的译者也应该充分注意，应用这种规律。例如"Baby Bumps at Oscar on the Red Carpet"（奥斯卡别样风景"孕味"女星争艳红地毯），"Most Lucrative College Degrees"（美国 2006 年最有"钱"途的专业），很明显，上面列举的两则译例中，"孕味""钱途"分别是"韵味""前途"的同音异义词，拥有相同的读音。这种对源语模因进行局部加工改造的方式给平淡的平铺直叙的新闻标题带来了意想不到的效果。"孕味"一词不仅表明一些超级女明星已经怀孕的身体状态，而且可以同时传达出那些孕妇女星仍然"韵味"不减，风韵犹存的魅力。"钱途"一词也巧妙地通过同音异义的方式同时传达出了这个专业具有"钱途"，能带来可观收入，也通过谐音表明，这个专业很有"前途"，有很大的发展空间。

（三）同构异义法

保留目的语中原有的强势模因结构，运用新的符合语境需要的字词来替换原有字词的方法就是同构异义法。源语模因的基本结构保持不变，只是局部内容发生灵活变动，套用源语结构。这种借助原有强势语言模因的载体之力传播新模因的翻译方法会给标题译文带来幽默、讽刺或亲近熟知的效果。例如"Nicole Kidman Says She's Unsure about Futureacting"（妮可基德曼：是否接续演艺事业？这是个问题）。提到戏剧文豪莎士比亚，我们不禁就能想到其最为著名的悲剧《哈姆雷特》，其中的一段内心独白更是家喻户晓："活着还是死去？这是个问题！"千百年来，这段独白不断被各种文学作品和体裁所引用。这段独白的中文译本也已经作为一个整体被中国读者接受，成为一个固定的结构，是当之无愧的强势模因，因此，以上例句中对这一结构的横向挪移是一种巧妙而成功地借助强势模因的典型例子。

（四）同形联想法

在这种模因传播方式中，同形联想法指的是语言模因的具体语言形式不改变，但是随着语境的改变，译文产生不同的联想意义的一种翻译方法。新闻标题译者采用同形联想翻译方法，既可以激发读者丰富的想象力，引导其对原有语言模因产生新的理解，又增强了译文的语言效果，使之"异"趣盎然，耐人寻味。例如"Job Security Worries Nearly Half U.S. Workers Survey"（美调查：半数雇员担心"饭碗"不保）。在这个例子中，"饭碗"一词也不仅仅是指吃饭用的器皿，除了字面意义，这里用了该词的联想意义，意为养家糊口、养活自己的职业。这样一来，源语中干巴巴的"Job Security"变得形象生动起来。

第四节　基于模因论的中国时政新闻的英译策略

时政新闻是以国家政治生活中新近或正在发生的事实为报道内容的新闻，主要关注政府、政党、社会团体、社会势力在处理国内时政事务和国际关系方面的方针、政策和活动。因为时事政治涉及一个国家、阶级、集团当然也包括个人在内的切身利益，所以时政新闻历来在传媒中占有极其重要的地位。在全球一体化的大背景下，中国时政新闻的英译工作担负着对外宣传党和国家大政方针的重要职责，对于促进中外交流、增强民族文化软实力、树立良好的国家形象具有重要意义。时政新闻的性质要求译者在翻译中要格外谨慎，不容许有丝毫疏忽大意。时政新闻具备政治性、时代性、简洁性和内涵性的语言特点。本节针对时政新闻的语言特点，从模因论的角度探索时政新闻英语的翻译策略，以期为时政新闻的翻译提供有益的参考。

一、中国时政新闻的语言特征

中国时政新闻作为一种特殊的新闻体裁，时效性强，传播快，涉及面广且对象多样，往往具有严谨性、时代性、简洁性、内涵性的语言特点。

（一）严谨性

时政新闻内容涉及中国独特的政治体制结构，包含中国特色的文化、国情、政治立场乃至意识形态等，具有明确的政治倾向，政策敏感度较高。因此时政新闻在遣词造句上逻辑性强，结构严密，讲求分寸。选词上也非常正式，强调严谨规范。例如涉及到主权问题、疆界问题、民族宗教问题的新闻稿件中的用词、提法都必须准确稳妥，符合政策。

（二）时代性

时政新闻中的术语往往带有鲜明的时政色彩和时代特征。国内外政治风云变化莫测，而每一次影响较大的时政事件都会涌现大量的政务新词，例如改革开放时期的"四个现代化"，90 年代的"三个代表"重要思想，新世纪初的"科学发展观"，十九大以来的"人类命运共同体"等新闻语言往往紧跟时代，与时俱进，充分反映了我国政治在不同时期的发展变化。

（三）简洁性

中国时政新闻的一大特点是常常使用概括性词汇来表达某些特定的含义，包括数字缩略语、四字格新词等，这类词语内涵丰富，寓意深刻，言简意赅。其中数字缩略语体现了中国人善于归纳总结的特点。如"一带一路""两学一做""三严三实""四个自信""五位一体"等。而四字格新词大都是经过反复锤炼而成，结构整齐，音律优美。特别是当两个或多个四字格新词依次排开时，气势非凡。如"解放思想、实事求是、与时俱进、求真务实"，"共同建设持久和平、普遍安全、共同繁荣、开放包容、清洁美丽的世界"等。

（四）内涵性

虽然时政新闻讲究语言的精确性和简练性，但也不乏经典名句、成语、委婉语的运用，这些语言形象生动，蕴含着深刻的文化内涵，承载着独特的中华文化。例如 2017 年 8 月 11 日《人民日报海外版》以"大道之行，天下为公——中国共产党长期执政的世界解读"为题发表了一篇时政新闻。其中"大道之行，天下为公"出自《礼记·礼运》的"大道之行也，天下为公，选贤与能，讲信修睦"。该句描述了大同世界的社会景象，在新闻标题中隐喻了中国共产党执政的社会理想。

二、模因论的主要理论概述

模因论是关于文化之间传承、进化与变异的理论。模因论的代表人物有英国的道金斯和布莱克摩尔、比利时的海利根、芬兰的切斯特曼以及中国的何自然教授。理查德·道金斯和布莱克摩尔提出了"模因"的概念。

所谓"模因"是一种文化的基本单位，通过模仿得到传播。模因可分为强势模因和弱势模因。只有少数具有长寿性、多产性和保真度特征的模因才能成为强势模因。海利根认为模因的传播过程包括同化、记忆、表达和传播四个阶段。切斯特曼则最早将模因论同翻译研究结合起来。他认为模因翻译库中存在五种"超级翻译模因"，即"源语—目的语超级模因""等值超级模因""不可译性超级模因""意译与直译超级模因"和"写作即翻译模因"。何自然教授在《语言中的模因》一文中总结了两类模因传播方式：模因基因型与模因表现型。"基因型传播"采用不同的形式传递相同的信息和内容。基因型翻译意味着源语与译出语的转化是一种原信息的等值或等效的纵向传播。"表现型传播"采用同一语言形式传播不同的内容。表现型翻译表现为信息从源语到译出语的转化过程是一种非对等的横向复制和扩散。无论是在汉语中纵向传播，还是通过翻译的媒介在中英两种文化中横向传播，时政新闻对于信息的表达都与模因的传染性的本质特征不谋而合。因此，用模因论指导中国时政新闻的英译实践是适合的，也是非常必要的。

三、模因论视角下中国时政新闻的英译策略

时政新闻语言一旦具备了强势模因的特征，就会像病毒一样得到迅速而广泛的传播，新闻传播的目的也进而能得到实现。因此，中国时政新闻翻译的目的是创造强势模因，引起新闻受众的关注，进入他们的记忆，并得到他们的理解和接受，最终借助他们的大脑使自己得到复制和传播。在模因论的指导下，中国时政新闻的英译包括基因型翻译和表现型翻译两种策略。

（一）基因型翻译策略

基因型翻译策略指尽可能地使用贴近源语言的句法、语义结构将原文语境意义准确地表达出来。基因型翻译策略主要通过音译模因、直译模因等形式来实现。

1. 音译模因

音译模因可以理解为按照源语模因的发音方法，把源语模因转化为目的语模因的翻译方式。在中国时政新闻的翻译中，读者所了解的重要的地名、人名、事件名常采用音译模因法。

2. 直译模因

如果译者发现源语模因在目的语文化中可以找到类似的模因，对读者能产生相似的语用效果，就可以最大限度地保留中国时政新闻的内容与形式，将源语中的文化模因原汁原味地传播给译语读者。例如"坚定不移的打虎、拍蝇、猎狐"，因为汉英两种语言有对应的表达方式，因此本报道就可以直译为"We have taken firm action to take out tigers，swat flies and hunt down foxes"。

3. 加注模因

模因加注法指在英译时政新闻时，用注释的形式补充源语中核心的文化背景知识，用来弥补源语和目的语之间的文化差异，帮助读者更充分地理解源语。例如，"十九大将继续协调推进'四个全面'战略布局"（新华网，2017）。该报道中"四个全面"战略布局被译为"the Four-Pronged Comprehensive Strategy, which includes building a moderately prosperous society in all respects, driving reform to a deeper level, fully implementing the rule of law, and strengthening Party discipline"。因为"四个全面"作为数字缩略语，外国读者会疑惑不解，只有添加必要的注释，才能将这些缩略语中包含的文化内涵表达出来。

（二）表现型翻译策略

当译者发现在目的语模因库中无法找到与源语等值等效的模因，不能使目的语读者所理解和接受时，就要采用表现型翻译策略，即通过对源语模因的灵活处理，达到复制核心源语模因和传达源语语用内涵的目的。表现型翻译策略主要通过意译模因、变译模因、略译模因等形式来实现。

1. 意译模因

在两种文化的接触中，当译语和源语文化体系差别较大，译语读者对源语文化相对陌生，因而可能由于无法解码异国模因而拒绝接受感染时，这时可以通过模仿译语中的文化意象、语言结构等，使译语读者成功解码源语中的核心模因。这对目的语是"文化空缺"，只得复制源语。上文所述的"大道之行，天下为公"就意译为"We should pursue a just cause for common good"。类似的还有"行百里者半十九"意译为"The last leg of a journey marks the halfway point"。

2. 变译模因

为了达到某种传播效果，汉语时政新闻表述往往用词重复，表述有力。但英语表达同一意义时经常用不同的词汇。将原文中重复使用的某个词语在翻译的时候恰当变换，是在进行时政新闻语言英译时常见的手法，可使英语译文读起来更加流畅地道。例如"牢牢抓住和用好我国发展的重要战略机遇期，是我们赢得主动、赢得优势、赢得未来的关键所在"（中国网，2011）中出现了三个"赢得"。译文为了避免重复，用"take the initiative""gain advantages"和"ensure victory |in the future"三种不同的表达。

3. 略译模因

略译模因是指翻译过程中省略次要或译语读者难以理解的信息，但不影响译语读者对源语的理解。在时政新闻翻译时，如果忠实地翻译原文，可能使时政新闻变得过长，这样不符合外国读者的阅读习惯，为此可以删减无关的语言信息或细节，来传达源语模因。例如"到建党一百年时建成经济更加发展、民主更加健全、科教更加进步、文化更加繁荣、社会更加和谐、人民生活更加殷实的小康社会"（人民网，2017），该报道中出现了六个"更加"，但我们决不能使用六个"more"，而是将无须出现的修饰语删掉。翻译为"By the time we, our Party, celebrate our centenary, we will have developed our society into a moderately prosperous one with a stronger economy, greater democracy, more advanced science and education, thriving culture greater social harmony and a better quality of life"。

时政新闻的翻译过程就是源语模因到译入语模因的转化过程，译者在翻译时应该考虑到源语模因和译入语模因的各自特点，采用正确的翻译策略来有效地表达目的语模因。有了模因论的指导，中国时政新闻英译的传播效应将得到增强，新闻自身的吸引力和影响力也得到提升。

本章小结

　　本章以模因论为理论框架，结合实例对英语新闻语言中的模因现象进行分析，继而提出了相应的翻译策略，并对每一种翻译对策的特点作了详细的探讨，旨在呼吁新闻编译者有效利用新闻语言中的强势模因，对其进行模仿和创新，从而提升新闻的价值和传播效果。作为新闻事实的表述手段和新闻信息的传播载体，新闻语言是一种独立的书面语体，它服务于事实的报道，具有质朴、实用的语言形态，以及明快而富有表现力的语言风格。对于新闻语言来说，它具有很强的文体特征，也是最贴近社会生活的语言形式。其词汇、语法的发展变化往往走在其他形式的标准语前面，并借助其广泛的传播性，将这种词汇和语法变化传递到其他语言形式里。

　　模因理论为英语新闻的分析和翻译策略提供了新的理论依据。带有强势模因的新闻标题及内容语言，更能吸引读者的注意力，容易为人们所记忆，同时也更容易复制与传播。新闻编者以及新闻译者在设计新闻标题时借助或依附于成语、俗语、名言名句等强势语言模因，有创意地进行模仿和创新，打造出鲜活的新闻语言模因，将会大大增强新闻的传播效应，从而大大提升新闻自身的吸引力和影响力。但是，在制作标题及内容模因的过程中，应当注意所选强势模因与新闻内容相结合的合理性，随意胡乱编造的模因复合体不仅达不到复制传播的效果，还有可能有损报刊的形象和声誉。基于模因理论创建的新闻翻译的理论框架是清晰、直观、易用的；基因型模因和表现型模因应用于新闻标题及内容翻译从而创造强势新闻标题及内容模因的方法，拓宽了新闻标题及内容的翻译途径，丰富了新闻标题及内容翻译的形式。新闻标题及内容翻译和模因之间可建立一种动态的互动关系，这种关系为其他的新闻类型的翻译奠定坚实的基础。简而言之，模因理论对于新闻的翻译实践有十分显著的指导作用。

本章主要参考文献：

［1］伍洋，莫菲菲．英语新闻标题语言中的模因现象分析及其翻译对策［J］.桂林航天工业学院学报，2013，18（4）:444-448.

［2］夏廷德，马志波.实用新闻英语翻译：英汉双向［M］.北京：对外经济贸易大学出版社，2011.

［3］叶苗.应用翻译语用观研究［M］.上海：上海交通大学出版社，2009.

［4］朱淑芳.新闻标题模因现象分析及其对翻译的启示［D］.温州：温州大学，2010.

第十章　旅游翻译

　　旅游景点是民族文化的结晶，是国家发展的试金石，也是外国朋友了解中国灿烂文化的窗口。无论是旅游景点名称、旅游标识语，还是旅游文本，对推动旅游事业的发展都起着重要作用，其翻译更是不容忽视的大事。作为应用翻译的一种类型，旅游文本的翻译具有很强的实用性。它面向国外游客，以传达信息及诱导游客游兴为主要目的，但其中更多的则是对文化信息的传递。因此，它对从事旅游翻译的译者要求极高，不仅要求他们具有相关的行业知识，更要求他们具有扎实的翻译功底及对文化信息的敏锐把握（陈刚，2009：4）。

第一节　基于模因论的旅游景点名称翻译

　　景点名称是国外游客接触的第一道风景，它能够让游客们对景点产生最为直观的第一印象，从而决定是否开始旅程。因此，在旅游文本的翻译中，景点名称的翻译是难度最大的。旅游景点名称的翻译对扩大旅游景点的知名度、调动游人对旅游景点的兴趣有着举足轻重的作用。景点名称的翻译要充分体现短小精悍、便于记忆的特点。

一、旅游景点名称的特点

旅游景点名称作为旅游景点的首张名片，需要在第一感觉上抓住游客的心，激发他们的旅游兴致。总体来说，旅游景点名称具有以下特征：

（一）旅游景点名称有独特的命名方式

一般来说，旅游景点名称的命名主要有以下几种方式：① 以地名命名。如湖南的张家界、四川的九寨沟、广西的桂林、广东的珠玑巷等。② 以历史典故命名。这一类旅游景点名称以当地历史人物或发生在当地的历史事件命名，用以阐释景点的历史、文化意蕴。如北京的故宫、山东的孔庙、成都的武侯祠、南京的中山陵等。③ 以民间传说命名。这一类旅游景点名称用来解说流传在当地的民间传说故事，如南京的莫愁湖、西安的哭泉。④ 以景点外观命名。这一类旅游景点名称用来解说景点的外观状貌。如广东的金鸡岭、长江三峡的神女峰等。旅游景点名称往往运用特殊的方式命名，以此来区别于其他景点。

（二）旅游景点名称一般都较简单

为了便于记忆，旅游景点的名称不会过长，字数一般在二到五个字之间。如"颐志堂""畅远台""沧浪屿""岳阳楼""龙门石窟""布达拉宫""天安门广场"，等等。

（三）旅游景点的名称能为该旅游景点提供基本信息

景点名称能让我们直接了解到该景点的地貌特征、周围环境及特点等各方面的信息。比如，从"千岛湖"这个名称我们就可以知道该湖中岛的数量之多（当然，"千"只是个虚数）。颐和园的"十七孔桥"，光从名称上游客便能知道该桥有 17 个桥洞；香山公园中的"眼镜湖"，两个小湖中间以石桥相连，湖面无风时，折射出太阳的光芒，就像一副眼镜，因此得名。

（四）旅游景点名称能体现文化特色

为了吸引游客，展示旅游地的风采，旅游景点名称大多具有浓厚的文学色彩和文化内涵。如果是园林建筑类的观光地，其用名更显文雅和品味。例如"西湖十景"（灵隐禅踪、六和听涛、岳墓栖霞、湖滨晴雨、钱祠表忠、万松书缘、杨堤景行、三台云水、梅坞春早、北街梦寻）。景名合一，令人如临其境，如见其形，深受国内外广大游客的欢迎，堪称景点命名的典范之作。

二、旅游景点名称翻译存在的问题

纵观目前各大旅游景点，不论是大型旅游景点还是名不见经传的小型旅游景点，其名称的翻译问题颇多，让人忧虑。一般来说，旅游景点名称翻译主要存在以下几大问题：

（一）一个景点名称往往有多个版本的翻译

这些不同版本的翻译往往让人摸不着头脑、相当困惑，尤其是国外游客，他们会以为这些不同版本的翻译是不同的景点，而事实并非如此。在黄鹤楼景区内，其景点指示牌上的景点英译名就和景点分布图上的英译名有很大不同，主要是由于有些地方使用了新的译名，而有的地方还保留着原有的译法。这种不统一会给外国游客带来很大的不便，同时也不利于景区自身的宣传。柳州市有许多公园，公园名字的翻译却没有统一规范。"鱼峰公园"就有四种英文译名：Standing Fish Peak（立鱼峰）、Standing-fish Hill Park（立鱼山公园）、Yufeng Park（鱼峰公园）、Yufeng Scenery District（鱼峰风景区）。有趣的是，在公园的南门，写的是"Yufeng Scenery District"，而在北门则写的是"Yufeng Park"。雀山公园的英文译名分别为：Que'er Shan Park（雀儿山公园）、Que Shan Park（雀山公园）、Que'er Hill Park。而"鹅山公园"也有三种英文译名：EShan Park（鹅山公园）、Ershan Hill Park（鹅山公园）、Ershan YouthPark（鹅山少年公园）。

因为翻译者采用了不同的翻译方法，同一个公园就有了不同的英文译名，这很容易使外国游客产生混淆，他们分不清这不同的名字指的是同一个公园，还是分别指不同的公园。又如，位于江西九江市素有"匡庐奇秀甲天下"美誉的庐山，其译名就有四种：Lu Mountain、Lushan Mountain、Mount Lu、Mount Lushan；江西上饶境内的三清山，译名有两种：Mount Sanqingshan、Sanqing Mountain；位于江西省鹰潭市西南20公里处、贵溪市境内的龙虎山，译名有三种：Dragon and Tiger Mountain、Dragon Tiger Mountain、Long Hu Mountain。位于西安市临潼区骊山北麓的华清池也有不同的译法：Huaqing Hot Spring、Huaqing Pool、Huaqingchi Pool。这些译名版本各异，规范不一，影响游人特别是国外游客对景区的理解，影响旅游宣传。

（二）误译现象频繁

某些景点名称源于历史典故或神话传说，某些文化术语内涵深刻，如果没有一定的文史知识，就容易望文生义，导致文化误译。比如苏州有处景点"寒山寺"，去过苏州的人都知道，"寒山寺"那里根本没有山，寒山寺位于苏州城西5公里外的枫桥镇，始建于梁代。因唐代高僧寒山曾在寺内住持，故名"寒山寺"，所以"寒山"实际上是高僧的法号，与"山"无关。将"寒山寺"译为 Cold Mountain Temple，显然是一种误译，这是译者忽略了寺名背后的文化信息而导致的误译。在"虎跑公园"，"虎跑泉"被译为"Tiger Running Spring"。熟悉虎跑泉传说的人都知道，"跑"源于二虎"跑地作泉"的传说，意为兽畜用爪或蹄刨地，而不是"running"，所以"虎跑泉"应译为"Tiger Dug Spring"。又如位于江西九江庐山西麓的"东林寺"有个景点叫"三笑堂"，说的是晋代高僧慧远犯了"送客不过虎溪"的禁条后，他与陶渊明、陆修静三人同声大笑的轶事，其英译名"Hall of Three Laughter"，英文字面与中文字面意思雷同，看似非常对等，殊不知译者并不了解其中的深层含义，让游客误以为是某个人在这里发出三声笑声而已。汉语中描写景色的词汇十分丰富，且多用对偶、排比，因而翻译起来十分困难，往往采用意译。勉强逐字逐句翻译，可能反而伤害原意。因而，景点名称的翻译要尽量简明扼要，很多译名由于过于拘泥于中文原名，翻译得相当累赘。例如，在磨山景区内的指示牌上，与"自然之谜"对应的英译名为"an unfathomable enigma of nature"，enigma 本身就有"难于了解"之意，与 unfathomable 语义重复，而且 enigma 一词过于生僻，建议改为"mystery"。

（三）拼写与语法错误

在景点英语翻译中常存在对原文理解不够、语言表达能力不强或粗心大意所带来的单词拼写错误，以及用词不当、用词累赘、语义重复、误译、漏译、胡乱译等错误。例如：大小写不分，这种错误在"磨山景区"正门口处的景区导游图上被一再重复。三十几个译名中，仅有十个译名的大小写是准确的。在黄鹤楼景区景点分布图上，也存在这个问题，如"紫薇园"译为"Crape myrtle Garden"，应为"Crape Myrtle Garden"。由于译者粗心大意造成单词拼写错误或漏译的现象也为数不少。如："摩崖石刻"（磨山景区）被译为"Petroglyph"，应改为"Petrograph"；"楚才园"（磨山景区）被译为"the Sculpure of Talent of Chu"，应改为"the Sculpture of Talent of Chu"；"朱碑亭"（磨山景区）被译为"Zhube Tablei Pavilion"，应改为"Zhubei Tablet Pavilion"。黄鹤楼景点分布图上"抱膝亭"的译名为"the Pavilion of Hold knee"，很明显，介词"of"后面不能直接接动词原形，这个译名在大小写 / 单复数上也存在疏忽，应改为"the Pavilion of Holding Knees"。"抱膝亭"中"knee"应为"Knees"；另外"楚才园"（磨山景区）的译名"the Sculpture of Talent of Chu"中"Talent"应改为"Talents"。再如，上饶三清山的"五老朝圣"这一景点被译成"Five Old Worshiping God"；朱碑亭被译为"Zhubei Table Pavilion"；而位于福建省福州市的著名风景名胜"鼓山"竟被译成"Drum Mount"，等等。这些都是明显的表达错误。

（四）意义重叠

旅游景点由自然景观和人文景观构成。自然景观指由山、岩、峰、石、江、河、溪、潭、湖、泊、海、池、泉、沟、滩、岛等自然地理实体所构成的景点，景点名称通常由专名加表示景点地貌特征的通名组成。人文景观指反映各个时期政治、经济、军事、外交、文化、宗教、科技等领域重大事件发生演变的遗迹或纪念物，其名称也由专名和通名构成，专名反映景观主体，通名表示其类别。此类通名通常与建筑物有关，如宫、殿、堂、亭、台、墓、楼、园、阁、轩、苑、庙、祠、门、关、寺、峪、村等命名，但这些以山、河、湖、泊等命名的景点的译名除了有上面讨论过的翻译版本不一致的问题外，还存在意义重叠的问题。比如，上文提到过的江西上饶境内的三清山有两种译名，其中一种译法为 Mount Sanqingshan。但是，mount 的意思是 a high hill or mountain，将 Mount Sanqingshan 回译为中文则变成了"三清山山"。因此应根据现行通用译法将其译为 the Sanqing Mountain，与英文中的（Mount）Saint Helens 一样，尊重英语表达习惯。位于湖南省张家界的武陵源风景区有个景点叫"索溪峪"，"峪"意为"山谷"，意同英语里的"valley"。因此，"索溪峪"这一景点名称的翻译应为"Suoxi Valley"，而非"Suoxiyu Valley"。"长城"东起"山海关"，西至"嘉峪关"。中文里的"关"指"古代在险要地方或国界设立的守卫处所"，汉语里常有"关口""关隘"之类的搭配；而英文里的 pass 有"the location in arange of mountains of a geological formation that is lower than the surrounding peaks"的意思，与汉语中的"关口"相似。因此，我们可以将"山海关""嘉峪关"分别译为 Shanhai Pass 和 Jiayu Pass。类似的例子还有"鼓浪屿"（Gulang Island）、"华清池"（Huaqing Pool）等。译者应该按照统一的标准对其进行翻译。

三、基于模因论的旅游景点名称翻译方法

翻译的过程涉及译者对源语模因的解码和用目标语模因重新编码两

个过程。在源语模因和目标语模因构筑的译化模因库中，有着多种模因关系，如同形同义、异形同义、异形近义、无等义。它们相互作用，推动着文化模因的传播和发展。按照此分类方法将旅游景点名称的翻译方法加以归类以及分析，有助于更好地挖掘景点名称背后深刻的文化内涵，促进跨文化的发展。

（一）同形同义传递——音译、直译、混合译、注释译

所谓同形同义关系，是指源语模因和目标语模因在形式和语义上都基本相同。这里的形式是指句法形式或语音形式。这类关系的模因其语义对等值最高，因此也最容易得到传播，最容易形成译化模因。这种译化模因的现象一般出现在编纂双语词典中或对一些术语的翻译中。虽是简单的模因传播方式，却是文化模因传播最基础和最普遍的方式。所以，这种译化模因的传播就比较容易，同时也构筑了人类文化传播的基础。

1. 音译

音译指把一种语言的语音用另一种语言中跟它发音相同或相近的语音表示出来（《现代汉语词典》）。即主要根据汉语读音，将景点名直接用拼音标注，是景点名翻译中最简单的一种，也是最常见的一种。只要能掌握汉语拼音，即可得到正确译名，从而最大限度地保留源语文字的读音，这对扩大景点的影响力有很大帮助。李怀宏对景观标识名称汉译英的语用等效研究表明：采用音译的名称，无论在语用语言上，还是社会语用上，不可接受率比采取直译与意译标识名称的不可接受率要低得多（2004）。汉语拼音已在国际上得到广泛认可，随着旅游业的发展，景点的音译名被接受程度会越来越高，接受度的提高也使信息的传达更有效。因此，对景点名称采用音泽法对于扩大景点的影响力会起到很大的作用，因为音译法在最大程度上保留了源语文字的读音。例如"西递"音译为 Xidi，"宏村"音译为 Hongcun，"周庄"为 Zhouzhuang，"乌镇"为 Wuzhen，"八达岭"为 Badaling，这些都是完全音译的例子。但在旅游景点名称的翻译中，完全使用音译的情况并不多见，往往是和直译法或解释法并用。

2.音译加直译

有些旅游景点名称的翻译并不能完全用音译法来实现。在某些情况下,音译加直译也是一种常见的方法。一个旅游景点名称包括专有名及种类名,如"太姥山"中的"太姥"是这个旅游景点的专有名,而"山"即其种类名,对于这种景点名,通常用汉语拼音译其专有名,用相对应的英文译其种类名,"太姥山"即可译为"the Taimu Mountain"。类似的例子还有:"北海公园(the Beihai Park)"、"云冈石窟(the Yungang Grottoes)"、"蓬莱阁(the Penglai Pavilion)"、"趵突泉(the Baotu Spring)"、"少林寺(the Shaolin Temple)"、"金茂大厦(the Jinmao Tower)"、"三星堆博物馆(the Sanxingdui Museum)"、"王府井大街(Morrison Street)"的英译,等等。

(二)异形同义传递

这一类关系的模因在译化过程中是最常见的,因为人们的生活环境是差不多的,总是那些人和那些事物,但是语言一经形成,就有一套自己的运营机制,这就使得同义但异形的模因最为普遍。因此,在模因的译化传播时,需要用不同的形式来表达同一个语义。例如城隍庙(Town God Temple),对于像拼音的音译法,外国人看得味同嚼蜡,不能体现景点名称的短小精悍、便于记忆的特点,且过于抽象,不能被普遍接受。对于城隍庙而言,首先要了解它的性质:在佛教中,城隍是一个神,斩妖除魔,保护人民,保卫国家。在古代,中文的"上帝"是主宰一切的神,在英语的文化中,"God"模因就暗指能控制人间和人类事情的神。在中国人民的心目中,"城隍"被认为是控制生育、保护国家、调节天气的神。人到了阴间的时候,就由城隍来操控。人们活着的时候,县衙控制着他们。所以,县衙和城隍是重要的行政机构。在地理位置上也是这样安排的,"城隍在左县衙在右",完全符合"天人和一"的思想。在英语国家人们的心目中,"heaven"模因就是天堂的意思。采用"God"模因这种翻译版本,虽未异形但是同义,能够充分地顾及中西方的宗教背景和文化接受心理,帮助外国朋友理解文化元素，实现了语用等效，促进了交际的成功。只要在保证目标语读者理解的基础上，我们就可以采用异化的翻译方法。这样一来，异化翻译能够丰富目的语的表达方式，促进源语模因与目的语模因的接近和交流，增强模因的生命力。"Town God Temple"译化模因，形象栩栩如生，让人难以忘怀，把城隍控制人间事情的能耐表现得十分传神。这样不但传达出原作的信息意图，也灵活地再现了交际意图。不仅可以引人入胜，与西方游客进行"直面"交流，还能满足他们的心理自尊，唤起积极的心理感应，将该景点尽善尽美地表现出来，使读者读起来很通顺流畅，从而更好地实现译化模因的传播，进而实现旅游翻译的预期目的。

（三）无等义传递

当源语模因在目标语模因库之中根本找不到语义可以对等的模因时，我们将其称为无等义关系的模因。这种无等义关系其实也是相对的。只要我们能够在目标语模因库中再造出一个模因，使其与该源语模因等义，并逐渐得到大众的接受，这种等义关系就成功了。成功创造的目标语模因，如兼顾音、形、义，可以大大促进这一译化模因的跨文化传播。例如"日曰升昌票号"（Ri sheng chang Draft Bank，China's No.1 Financial Institution），"日曰升昌票号"位于"大清金融第一街"平遥古城西大街的繁华地段，是中国现代银行的开山鼻祖。译文既传神又达意，突出了其明显的地位和金融属性，有效地弥补了理解上的障碍，使外国友人们很好地理解"日曰升昌"这一充满民族色彩的中国传统文化的含义。这种译法虽然无等义关系，却大大促进了译化模因的传播，加上注释，更加实现了完整性。

类似的还有北京的"地坛"，译为 the Ditan Temple（the Temple of Each），"天坛"译为 the Tiantan Temple（the Temple of Heaven），"香山"译为 the Xiangshan Hill（the Fragrant Hill），"城隍庙"译为 the ChenghuangTemple（the Temple of the City God），山东曲阜的"孔庙"（又称"至圣庙"）译为 the Kongmiao Temple（the Temple of the

Supreme Saint ）， "坤宁宫" 译为 the Kunning Palace（the Palace of Earthly Tranquility）， "仁寿殿" 译为 the Renshou Hall（the Hall of Benevolence and Longevity）， "下马碑" 译为 the Xiama Steles（the Dismounting Steles）等，类似例子不胜枚举。括号内的译法在多数语境下可以以同位语的形式出现在标准译法的后面，比如："The Tiantan Temple， or the Temple of Heaven， is one of the best known scenic spots in Beijing"。

第二节　基于模因论的旅游标识语翻译

各大旅游景点都少不了旅游标识语。旅游标识语又称旅游公示语，旅游标识语包括了旅游景点介绍（即景点说明牌）、旅游信息咨询、旅游紧急救援、公共交通标识、商业设施标识、健身娱乐、文化设施等。这些标识语一般出现在旅游景点，包括印或刻在石板、木板或塑料板上的介绍性、指示性、提示性、警告性的文字内容以及诱导游客前往参观或使用旅游服务宣传广告的口号。旅游标识语的主要使用对象是那些以英语为母语或第二语言的旅游商务人员、体育休闲者和涉外交流人员等。从语用功能角度来看，旅游标识语属于应用类文字，具有"公众服务性质，满足的是旅游者、社会公众的社会行为和心理需求"（程尽能，吕和发，2008：355），其应用范围广，涉及食宿、娱乐、购物等社会生活的各个方面（丁大刚，2008：106）。

一、旅游标识语的功能

（一）指示功能

指示性旅游标识语向游客提供信息服务，没有任何限制或强制意义。通过标识语为游客提供单位名称等服务信息，游客可以明确自己的方位、目的等。这种类型的标识语并不传达规则或强调信息，人们可以根据实际需求，有目的地获取标识语所提供的信息。例如，The British Museum（大英博物馆）、Way Out （出口）、票务处理（Ticket Problems）、Smoking Seat（吸烟席）、International Departure （国际出发）、Drinking Water （饮用水）、Information （问询服务）、外卖服务（Take Away /Take-away）、Ticket & Travel Centre（票务与旅游中心）等。

（二）提示功能

提示性旅游标识语，顾名思义，提示旅游者应该怎样行动或要遵守哪些行为规范。它仅起到提醒作用，无特指意义。与标识语的指示功能一样，这种提示也不具有强制性，游客可以根据实际情况来选择执行或不执行，主要目的是方便受众或让受众感受到人文关怀。例如：Detour/ Street Closed （街道关闭，绕行）、Sold Out（售罄，售完）、Please Pay Here（请在此交款）、Full Booked（客满）等。

（三）限制功能

限制性旅游标识语主要对游客的行为提出限制和约束，告诉游客哪些行为不可为，语气和语意直白，但不会使人感到强硬、粗暴、无理，如：Give Way（让路），Handicapped Only（残疾人通道），Stand in Line（排队等候），Free for Children Under 12（12 岁以下儿童免费）等。

（四）强制功能

强制性旅游标识语要求旅游者不得采取某种行动，这类旅游标识语语言强硬，意思表达直截了当，游客们必须遵守，没有任何商量的余地。例如：No Cigarette Disposal（严禁投放烟蒂）、No Fishing Here（此处严禁钓鱼）、No Minors Allowed（儿童严禁入内）、Police Line Do Not Cross （警戒线勿超越）等。

二、旅游标识语翻译存在的问题

与前文讨论过的旅游景点名称的翻译一样，旅游标识语的翻译同样存在问题，比如误译、错译、漏译、中文式翻译等，不仅不能使旅游标识语发挥其应有的作用，反而影响景区的形象，这些问题值得我们深思。

（一）错译现象

在有水的各大景点，几乎都会在水边竖有"小心落水"的标识牌，错误的译法有以下三种："Fall into water carefully" "Be aware of not to fall into the water" "XIAOXINLUOSHUI"，第一种回译成中文变成"小心翼翼地掉到水里去"，让人啼笑皆非。第二种倒是在意义上符合，但就其语用功能而言，它根本不符合旅游标识语的翻译标准。第三种全用拼音来替代，而且还是大写，就更不可取了，因为连中国人看到这种指示牌时都需要一点时间来思考，更不用说不懂汉语拼音的外国游客了。又如将标识"小心地滑"英译为"carefully slide"，这不是让人啼笑皆非吗？本来是友情提醒游客雨大路滑，注意不要摔倒了，结果变为"小心翼翼地滑倒"。还有将"请勿下湖"译成"keep off the lake"，回译为"远离湖岸"，表义不准确。原公示语意为"不要下湖游泳"，可借用"No rough play"。更有甚者，一词用错，意义大错特错，如"民族园"译成"Racist Park"，成了"种族主义公园"，应为"Ethnic Cultural Park"。另一常见的标识"严禁攀爬"被误译为"prohibited climbing"，"严禁携带危险品上船"被误译为"forbidden dangerous goods onboard"，让人暗笑不已。"游客止步"译成"The Visitor Stop"，"小心碰头"译成"Caution"，这类翻译都不符合标准。事实上，我们只需要套用英语中现成的表达法，将其分别译为"Staff Only"与"Mind Your Head"即可。

（二）逐字翻译或中式英语

有些旅游标识语的翻译可能由于译者的水平有限而错误百出。例如按照字面意思逐字翻译，结果让人摸不着头脑。或者有些译者干脆按照自己的理解翻译，结果译文成了典型的中式英语。例如，"游客请止步"译为"The visitor please halt"，这句是典型的逐字死译，应译为"Staff Only"。将"全国优秀旅游城市宁波欢迎你"译成"National Excellent Touristic City！ You are Welcomed by Ningbo", 这可谓是典型的中式英语。实际上地道的英译应该是"Welcome to Tourist City Ningbo"（彭萍，2010）。这样的例子比比皆是，下面仅列举一些：

小草睡觉请勿打扰（The grass is sleeping, please don't disturb them）

小草微微笑，请你走便道（Little grass is smiling slightly please walk on pavement）

栽下文明树，常开幸福花（Plant civilized trees, bloom happy flowers）

爱护花草，请勿踩踏（No Trampling on Flowers）

勿踩草地（Don't Stamp on the Grass）

禁止攀爬，注意安全（Don't climb, take notice of safe）

绿色生命足下留情（Show mercy to the green plants, don't trample on）

进入景区请勿吸烟（Please do not smoke to enter the scenic area）

小心花草（Careful flowers and plants）

请勿戏水（Please keep the water）

爱护草地，请勿入内（Care of the green, please do not enter）

造成以上翻译失误的原因主要有以下四点：①译者的中英文基础不扎实；②母语的负面迁移；③缺乏对目的语文化背景以及中西方两种文化差异的理解；④对公示语翻译不够重视。以上这些问题在旅游景点的公示语翻译中极为常见，尤其是汉译英更是如此，其中错译、歪译、漏译、硬译等现象非常明显。

三、基于模因论的旅游标识语翻译

旅游标识语英译的关键在于以何种方式对源语模因进行编码，最大程度地复制源语模因，并同时让新宿主所接受。

（一）直接引入目的语模因

直接引入目的语模因是指对于那些中西方国家皆有的公示语的表达，可以直接采用英语国家的表达方式，直接引入目的语模因。这样英译的旅游标识对于目的语读者来说可谓一目了然，易于理解和接受。例如：

当心落水（Warning：Deepwater）

雨雪天气，小心路滑（Caution：Slippery road）

森林防火，人人有责（Forest Fire Prevention，please!）

坡道路滑，注意安全（Caution：Slippery slope! 或 Caution：Slope!）

（二）复制核心模因

复制核心模因指的是复制目的语核心模因。虽然源语和目的语的语言是独特的，但文化的共性使得相对的模因复制成为可能。这就要求译者在翻译那些添加了中文元素修饰过的公示语时，首先必须分析出它所要表达的真实意图，紧接着弄清楚其核心要素，回想一下目的语中类似的表达，然后引用、复制目的语的核心模因。例如：

小草有生命，请脚下留情。

Keep out; Don't walk on the grass./Keep off the grass.

不难发现，原作者的真实意图是劝阻游客不要随意踩踏草坪，而不是表示对小草的怜悯或替小草求情。在目的语中，有着同样意思的模因存在，那就是 Keep off the grass。因此，笔者认为，此处可以复制目的语的核心基因 "Keep off the grass"，既符合公示语简洁、明了的语言特征，又符合英语国家的习惯表达，能够更好地为目的语读者所接受。由此可见，译者只要从内容上分析，从功能上把握，对于属于共性的公示语，不难在目的语中找到功能意义上的踪迹或模因。

（三）复制源语模因

在汉语公示语的英译中，忠实地复制源语模因，主要适用于政治性等权威话语的翻译，这实际上提出了这类话语的翻译策略问题。政治话语对目的语而言是"文化空缺"，只得复制源语。例如"高举爱国主义旗帜，弘扬民族传统文化"译为"Develop the national and traditional culture with patriotism in heart"。这个例子属于中国特有公示语，反映了中国社会生活的特有内容，在目的语文化中是空缺的，只能复制源语模因或化用目的语模因。因此本例采用了复制源语模因的翻译策略。

（四）化用目的语模因

化用是模因传承与传播的一个重要现象和规律。九华山东崖宾馆坐落于九华山风景区中心处，是安徽九华山旅游发展股份公司最具有发展潜力的一家旅游宾馆，是九华山的星级酒店。宾馆提出这样的口号：住在东崖，让您出门在外也有在家的感受。此口号若译作"Dongya Hotel is the Best of All"，在某种程度上复制源语模因的话，不妨译为"East or West, Dongya Hotel is Best"。正如吴伟雄教授的获奖译文：将"桂林山水甲天下"译为"East or West, Guilin Landscape is Best"。这些译文化用了目的语模因"East or west, home is best"，也是明显用目的语的表达方式，表现中国特有事物与概念。

第三节　基于模因论的旅游文本翻译

旅游文本指的是所有与旅游相关的文本，包括广告、书信、旅游日程安排及旅游条件书、景点介绍、旅游宣传广告、旅游告示牌、民俗风情画册、古迹楹联解说等各方面内容，涉及旅行社、餐饮、酒店、交通、娱乐等众多行业，属于应用型文本（陈刚，2004：309）。这类文本具有词汇通俗明确、知识面广、文化层面宽、风格活泼幽默、常引用古诗词等特点，主要目的是为国外读者或游客提供自然、地理、文化、风俗等方面的相关知识，宣传相关旅游资源或旅游景点，诱导游客积极参与旅游活动。而模因论认为，任何信息只要通过广义上称为"模仿"的过程而被"复制"，它就被称为模因了。何自然先生（2007）认为语言本身就是一种模因，模因也寓于语言之中，任何字、词、短语、句子、段落乃至篇章，只要通过模仿得到复制和传播，都可成为模因。语言是模因的载体之一，翻译行为发生在两种语言的转换中，以复制为前提，因此它本身就是一种模因传播的方式。从模因论的角度看，旅游资料翻译实质上是将源语旅游模因通过目的语进行传播，旅游模因的传播过程就是旅游资料翻译的过程。

一、英语旅游文本的语言特点

（一）词汇特点

在对旅游景点的说明或描写上，中英两种语言各具特点。中文旅游景点介绍一般辞藻华丽，多用四字结构，引经据典，行文工整，声律对仗，音形意媲美，诗情画意跃然纸上，讲究客观景物与主观情感融为一体的和谐浑然之美。英语旅游文体大多风格简约，行文用字简洁明了，表达直观通俗，注重信息的准确性和语言的实用性，最忌啰嗦堆砌，景物描写往往用客观的具象罗列来传达实实在在的景物之美，很少有主观情感的抒发，力求再现自然，让读者有一个明确的具体印象。如：

外滩作为上海的标志，呈现出城市往日欢乐气氛和充满活力的面貌，黄浦江旁车水马龙，熙熙攘攘；昔日的银行大厦和使馆别墅耸立岸边，默默无言。游客目睹众多古今中外的建筑集于此，无不惊讶万分，浮想联翩。

The Bund area, a symbol of Shanghai, reflects the vibrancy and gaiety of the city's early days through a bustling view of the Huangpu River on one side and old banks and villas on the other. Tourists will be fascinated by numerous buildings in a variety of styles such as the ancient, the modem, the traditional Chinese and the foreign.

对照一下，我们便能发现英汉两种语言在表达上的差异。汉语旅游景点介绍中四字结构居多，如"欢乐气氛""充满活力""车水马龙""熙熙攘攘""默默无言""浮想联翩"，英语表达朴实无华，清楚明了，"bustling"对应"车水马龙，熙熙攘攘"。英文中并没有出现任何与"默默无言"相对应的词，"fascinated"则对应"惊讶万分，浮想联翩"。

（二）句法特点

英语属于印欧语系，十分讲究句式结构的逻辑层次和有机组合，语法规则十分严格，表现为一种严谨的句法特点，反映出英语表达逻辑严谨、思维缜密的特点。英语句子构成采用主从关系的形合法，通过关联词和分词、动名词及不定式构成。一个主句在不同的地方生出各种从属结构，层层展开，就像一棵参天大树，枝叶横生。例如：

Although the state is located in the tropical zone，its climate is comfortable because of the ocean currents that pass its shores and winds that blow across the land from the northeast.

在主句"its climate is comfortable"这株"树干"上旁生出许多"枝杈"："the state is located in the tropical zone" "the ocean currents pass itsshores" "winds blow across the land from the northeast"。英语形态表义的特征十分明显，往往通过句型结构的上下递送、前后呼应来加强语义、扩展信息。深层意蕴在很多情况下就隐含在句子的上下文之中。如本句中的让步关系、因果关系都体现在句型结构中。

（三）语篇特点

英语旅游文本大多风格简约，结构严谨而不复杂，注重信息的准确性和语言的实用性，行文紧凑，逻辑清晰。景物描写往往用客观的具象罗列来传达实实在在的景物之美，力求忠实再现自然，让读者有一个明确具体的印象。如，"The eight major islands and over 100 small islets of Hawaii—like a chain of bead，some 2575 kilometers long—lie upon the Pacific，southeast to northwest"，句子所描绘的夏威夷全景就像一张实地拍下的照片。此外英语旅游介绍更具人性化和主观性，往往用"you and your family"这类词，告诉你到了那里可以看到什么，可以到什么地方吃喝玩乐。

其次，英语篇章构成倾向于演绎法，主题句在文章或段落的开始。旅游景点介绍一般都是一篇文章介绍一个地方，没有非常复杂的篇章结构。

例如本例以夏威夷全景的描述开始，先给一个概述，接着介绍夏威夷的气候及形成的原因，再接着介绍夏威夷景色多变的海岸线，最后介绍夏威夷主岛的美丽景色，体现出多层次、立体式结构的特点。此外，英语景点介绍常常遵循一定的逻辑顺序，如时间顺序、空间排列顺序，向旅游者说明可游览的景点，层次清晰。旅游者阅读之后可在头脑中形成清晰的图像，如身临其境。

二、基于模因论的旅游文本翻译

下文将以具体旅游文本为语料，从翻译模因论的视角，具体说明旅游文本英译时该以何种方式对源语模因进行编码，最大程度地复制源语模因，并同时让新宿主接受。

（一）基因型翻译模因

1.语义等值模因

语义等值（Semantic Equivalence）理论早在 1790 年就被英国杰出的翻译理论家 Tytler 在他的著作《论翻译的原则》（Essay on the Principles of Translation）一书中提出。语义等值理论强调译文和原文在表达上要达到等值效果，原文中深藏的含义要在译文中体现，使目的语读者成功地理解源语的核心模因。这样，两种语言的读者在欣赏不同语言的文本时便有同样的感受，通过语言产生无国界的感觉。因此在翻译时，译者应该首先在目的语中寻找和源语文化信息相似的模因，使译文不仅对读者产生原文对其读者的相似效果，还要从语言、文化和风格上将原文复制出来。例如，"公元前 11 世纪，商朝灭亡，西周王朝取而代之，建都丰和镐。丰京与镐京隔沣河相望，丰镐就是古都西安建成的开始"。译文为 "In the 11th century B.C., the Shang Dynasty died and the Western Zhou Dynasty came into existence instead. It established its capital in Feng and Hao, which were separtated by the Fenghe River. This marked the emergence of the ancient city of Xi'an"，在译文中，具有中国特色的 "商" "周" "丰" "镐" "西安" 等词直接通过汉语拼音音译为英语，译文的顺序与原文保持一致，在内容和形式上都再现了原文的风格。

2. 语用等值模因

语用等值是指译文与原文的交际价值的对等，而非表达形式及方式的一一对应。语用等值翻译包括译文对原文的主要信息的忠实再现，也包括译文与原文一样文理通顺。例如，"西安化觉巷清真寺第四进院落中央有一座'凤凰亭'，是教徒们等候礼拜的地方"，译文为"Inside the fourth courtyard there is a structure called the Phoenix Pavilion，a place where brothers and sisters would wait for services"，本句出自对西安化觉巷清真寺的介绍。不论是基督教还是伊斯兰教，信徒们都被称为 brothers and sisters。译文中将"教徒们"译为"brothers and sisters"，符合英文国家的表达习惯，使目的语读者清楚地知道其所指。中英文类比和借用也是一种较合理的模因归化翻译策略。出于历史、文化、约定俗成等各种原因，两种语言中一些旅游模因可以通过类比来进行交换，如苏州（Oriental Venice），祝英台和梁山伯（Chinese Romeo and Juliet）。总之，语用等值翻译不为原文的内容所拘泥，但求以最贴近且最自然的对等译语来再现原文内容，以达到等效的目的。

（二）表现型翻译模因

旅游文本翻译的主要策略应当以异化法为主。徐淑婷指出异化法保留了原文的语言和文化差异，模因的传播在一定程度上偏离了目的语本土的主流价值观，这在一定程度上丰富了目的语文化和目的语语言的表达方式。任何语言都有很强的民族性，特别是旅游文本语言，其独特的语言结构和文化内涵在通常情况下不容易找到相对应的目的语模因。针对以传播本国文化为目的的旅游资料翻译，异化原则下的许多翻译方法和技巧能够更好地帮助旅游模因传播，其中，解释法、音译法、增添法、删减法、改译法等都是可取的翻译技巧。

1. 意译模因

中国文化博大精深，有时候仅仅从字面的意思去翻译很难译出其内在的含义，这时就要采取意译。例如：

（华清池）飞霜殿在唐代是玄宗皇帝和杨贵妃的寝殿。当时殿前的汤池之中，整日雾气升腾。每当冬季大雪降临，宫内玉龙飞舞，银装素裹，唯独飞霜殿前，化为白霜，故此得名。

The Tang emperor, Xuanzong and his favourite lady, Yang Guifei（Lady Yang）, used to make their home in the Frost Drifting Hall. There was always mist and vapor in the air over the pool that was in front of the Hall. In winter, snow flakes flew in the air, and everything in sight became white. However, the snowflakes thawed immediately in front of the Hall. This owes a great deal to the lukewarm vapour that rises out of the hot spring; hence the name of the Frost Drifting Hall that we see today.

原文中，"玉龙飞舞，银装素裹"这种表达法若从字面的意思去翻译，不但词不达意，还会弄出笑话。因此在翻译的时候，选择其意译模因，即根据其意思译为"In winter, snowflakes flew in the air, and everything in sight became white"，则更为贴切。

2. 节译模因

汉语旅游语篇受自古以来骈体文的影响，讲究行文的整齐对仗、声韵的和谐以及辞藻的华丽，表现为大量使用排比结构、四字结构、修饰性词语和烘托性语言。而英语旅游语篇则注重写实，强调内容上的信息性和表达上的生动平实性（陈小慰，2006: 267）。因此，翻译这类旅游文本时，采用节译模因更符合英语的表达习惯。例如：

如今，西安古城垣经过重新修葺，面貌焕然一新。城垣四周的环城公园内依壁垒高耸的古城墙，外临沟阔壕深，碧波荡漾的护城河。公园内花木繁茂，假山迷离，具有我国民族特色的各种古典建筑错落有致。别具风格的环城公园与雄伟壮观的古城垣交相辉映，把古城西安点缀得更加美丽多姿。

Today, after the repairs that have been made on the wall by the local government, the city wall has taken on a new look. A circular park has been built in between the high wall and the deep moat, all around the city. The thriving trees and flowers, the rockeries in the park, and the buildings of classical Chinese architecture, together with the city wall, make Xi'an all the more beautiful.

　　本例原文中带有很多四字结构的修饰性词语，如果直译为英语，行文就显得过于啰嗦，使外国读者无法欣赏到其中的妙处。因此，翻译时可以一带而过，反而会产生更好的效果。

　　3. 略译模因

　　汉语中经常会出现一些具有中国特色的文化术语，或指代现象。例如某人说"我只会马走日，象走田"。说话人用中国象棋术语来指代一些基本或皮毛的东西。旅游文本面对的主要是普通的游客，译文应发挥旅游文本的呼唤功能。因此在旅游文本的英译中，采取省略的方法，只要将其内涵表达清楚即可。例如：

　　在我国最早的典籍中，即有关于这条河的记载。尚书禹贡："漆沮既从，沣水攸同"，诗经大雅："沣水东注，维禹之绩"，说明沣水在远古就是一条著名的河流。

　　Records about this river can be found even in the earliest Chinese classics, which provesthat, the Feng River has been well known since ancient times.

　　上文的实景介绍中，模因复合体作为一个容量较大的整体，其整体性的保真应是最重要的。译文对尚书原文的引用直接省略，一是因为尚书作为中国古籍，对于大多数中国人来说已是陌生晦涩；二则诗歌模因的翻译十分难处理，在原文模因复合体大体上被传播的情况下，省译显得恰到好处。

　　4. 译述模因

　　汉语中独具文化特色的概念往往难以在英语中找到与之相对应的表达，或难以表达其深刻的文化内涵。在翻译中弥合文化差异的有效方法就是采用译述模因，即翻译加叙述的方法，进一步对译文进行阐述或补充说明，使目的语读者了解其来源或内涵。例如：

　　两侧偏殿，分别供奉着关羽、张飞等人，与殿相接的东西两廊，是蜀国的 28 位文臣武将的彩绘泥塑像。

To the right of the main shrine is a redfaced image called Guan Yu; the left is General Zhang Fei, represented with a black face. Liu, Guan and Zhang are sworn brothers as described in the novel *The Romance of the Three Kingdoms*. There are galleries in the yard, which contain terracotta figures of the Qing Dynasty, 28 in all, generals on the right and ministers on the left.

对"三国"历史文化模因的传播势必包含"刘关张"这个模因，解释法在上文中的运用正是出于这个缘由。又如：

三官殿里有一株茶花，在寒冬腊月开出一树鲜花，璀璨如锦，因此又名"耐冬"。

There is a camellia tree in the Sanguan Palace blooming fully in midwinter, so it is called Naidong, meaning it can stand bitterly cold winters.

上文的山茶科植物模因"耐冬"，对其名字的音译突出了特指性，因为不同气候和不同地域的山茶科植物有一定差异，而本句是特指中国一个叫三官殿的地方的山茶科花，此处的译述模因给接受者留下了深刻的印象，生动地传播了该模因。

本章小结

本章基于模因的视角从旅游景点名称、旅游标识语及旅游文本三个方面对旅游文献的翻译进行归纳研究。旅游景点名称作为第一张名片，具有其独特的命名方式，一般都较简单。它能为游客提供该旅游景点的基本信息，能体现当地的文化特色和景点建造者的目的等。因此，旅游景点名称的翻译须体现其本身所具有的功能特点。旅游标识语具有指示性、提示性、限制性、强制性四大功能，其翻译也应围绕这四大功能来进行。与旅游景点名称的翻译一样，旅游标识语的翻译也存在一些问题。旅游标识语要实现其功能，其译文要做到通顺易懂，清晰直接，规范自然，易于为目的语受众所接受。旅游文本类型多样，包括广告、书信、旅游日程安排及旅游条件书、景点介绍、通知、电讯、有关合同、旅游标语等，涉及范围广。本章主要讨论旅游景点介绍的翻译，以实例指出旅游景点介绍的翻译可采用编译这一翻译策略。作为一种新兴理论，模因论与翻译的结合使翻译策略的研究有了新的路径。旅游是文化传承的一种典型方式，旅游素材多蕴藏着历史文化模因，而旅游资料翻译本身更是一个跨文化模因传播过程。通过一些旅游文本的英译实例，探析模因论视角下的旅游资料翻译策略和技巧，以促进旅游模因的传播。模因论是关于文化之间传承、进化与变异的理论。这一理论的核心概念是模仿。模因作为文化传播的一种单位和文化传播母体，具有动态性、变异性和协商性，体现了语言交际的动态特征。翻译是一种文化传播与交流的活动，因而翻译理论遵循着模因论的发展轨迹。翻译模因论为中国旅游文本的英译引入了信息复制的模式，为解决由于中西方文化差异而导致的汉语旅游文本英译中所出现的问题提供了理论依据，打破了不同译论之间的壁垒，为探索翻译理论发展的内在规律提供了一个新的视角。

综上所述，旅游文本是一种功能性非常突出的实用文体。在翻译旅游文本时，译者应该充分利用模因库，既要考虑历史、社会背景，又要注重源语和目的语中那些有同有异、大同小异、同中有异的表达；既要注重文化深层的蕴涵，又要了解语言表层含义的异同之处。通过对源语文字与文化内容进行深刻剖析，得其义，悟其神，然后用锤炼过的译语文字将其准确、保真地表达出来。

本章主要参考文献：

［1］陈春平.模因论视角下平遥景点名称的英译[J].中北大学学报(社会科学版)，2010，26（4）:42–47.

［2］刘翠萍.模因论视角下九华山旅游景点公示语的翻译研究[J].宿州学院学报，2011，26（6）:68–69.

［3］龙仕文，殷阳丽，苏已贵.模因论视角下的旅游资料翻译［J］.重庆理工大学学报（社会科学版），2012，26（7）:99–102.

［4］吴燮元.新21世纪大学英语应用文体翻译教程［M］.上海：复旦大学出版社，2011.

［5］许明.模因论视阈下的旅游文本英译研究［J］.陕西广播电视大学学报，2013，15（2）:89-91.

［6］岳峰.职场笔译：理论与实践［M］.厦门：厦门大学出版社，2015.

［7］张沉香.功能目的理论与应用翻译研究［M］.长沙：湖南师范大学出版社，2008.

附录一　网络流行语英译选

白富美 miss princess

白领 white-collar

悲催 a tear-inducing misery

被雷了 in shock

博客 blogger

博客话剧 blog drama

搏出位 be a famewhore；　seek attention

不差钱 Money's not a big deal

车奴 car slave

吃瓜群众 the spectators/onlookers

穿越剧 time-travel TV drama

打酱油 It's none of my business

淡定 calm; unruffled

屌丝 plebs

丁克 dinky/double incomes no kids

定个小目标 set a small goal/plan

豆腐渣工程 slack project

恶搞 abusive imitation

二人转 pair show

凡客体 Vanclize/Vancl Style

范儿 style

房奴 mortgage slave

非主流 Non-mainstream

粉丝 fans

浮云 floating clouds

富二代 the rich second generation/the second-generation rich

腹黑 scheming

高大上 high end

高富帅 prince charming

葛优瘫 Ge You/Beijing slouch

给力 gelivable

工匠精神 spirit of craftsman

官二代 the officiallings

孩奴 child slave

海归（海龟） overseas returnee

海选 first audition/initial audition

黑客 hacker

忽悠 fool you

换客 swapper

胶囊公寓 capsule apartment

囧 embarrassing

纠结 ambivalent

卡奴 card slave

拷贝 copy

克隆 clone

啃老族 parents-dependants/parents-suckers

坑爹 the reverse of one's expectation

坑爹 cheat your papa

蓝瘦香菇 Blue Thin Mushroom

老司机 old hand/veteran netizen

雷人 in shock

林来疯 Linsanity

零帕族 zero-Pascal clan/ressure-free clan

萝莉 Lolita

裸婚 bare-handed marriage

捐 all-out donation

裸考 non-prepared exam

驴友 backpacker

卖萌 act cute

秒杀 seckilling/instant killing

你懂的 It goes without saying that...

牛奋男 diligent ox-like man

女汉子 tough girl

跑酷 parkour

拼车 car-pooling

拼爹 daddy-is-the-key/parents privilege competition

拼客 partaker

贫二代 the second generation of paupers

破格录取 exceptive admission

枪手 proxy examinee

穷二代 poor second generation

软妹子 girly girl

森女 mori girl

山寨 fake/counterfeit/copycat

伤不起 vulnerable

剩女 leftover ladies

刷博 professional blog clicking

怂忑 anxious

躺枪 can't escape from it

淘券族 the coupon-crazed tribe

吐槽 disclose one's secret

团购 group purchase/team buying

脱口秀 talk show

微博 Microblog

围观 circusee

伪娘 cross-dresser/newhalf

蜗婚 living together apart

蜗居 dwelling narrowness /pigeon hole

犀利哥 Brother Sharp

羡慕嫉妒恨 the envy of hate

销费者 sellsumer

炫富 flaunt wealth

养眼 eye candy

蚁族 ant-like graduates

有木有 yes or no

月嫂 confinement nurse

宅男 homebody/geek

桌边神游族 desk potato

自主招生 university autonomous enrollment

附录二　中文菜单英译选

白切鸡 Sliced Boiled Chicken

北芪生鱼汤 Pak-kei and san-yu soup

辈翠玉如意 Stuffed yu-ear with shrimp paste

菠萝牛仔骨 stir-fried ox ribs with pineapple

菜花虾羹 Shrimps and broccoli soup

醋溜蟹 Crabs in sour sauce

德州扒鸡 Dezhou Stewed Chicken

东安子鸡 Dong'an Vinegar Chicken

佛　跳　墙 Fotiaoqiang (Steamed Abalone with Shark Fin and Fish Maw in Broth)

符离集烧鸡 Fuliji Roast Chicken

红烩鱼片 stewed fish slices with brown sauce

红烧大群翅 Braised Shark Fin in Brown Sauce

红鱼子酱 Red caviar

淮安软兜 Plain Braised Eel

回锅肉 Twice Cooked Pork Slices

火腿炖甲鱼 Stewed Soft-Shell Turtle with Ham

鸡蛋鲱鱼泥子 minced herring with eggs

鸡蛋托鲱鱼 herring on eggs

酱油蟹 Crabs in soy sauce

京酱龙虾球 Lobster balls in sweet bean sauce

酒醉排骨 Spart ribs in wine sauce

腊味合蒸 Steamed Mixed Preserved Meat

辣椒炒蟹 Fried crabs in chilli sauce

荔枝炒牛肉 Stir-fried beef with lychee

卤牛腩 Brisket of beef in spiced sauce

卤炸乳鸽 Deep-frie pigeon in spiced sauce

麻婆豆腐 Mapo Tofu

毛氏红烧肉 Braised Pork, Mao's Family Style

蜜糖子姜鸡 Honey chicken with ginger shoors

明炉烧鸭 barbecued duck with sweet paste

南京板鸭 steamed nanjing duck

酿馅鱼 stuffed fish

平桥豆腐 Tofu Boiled in Chicken Broth

苹果煲生鱼汤 Apple and San-yu soup

苹果咖喱鸡 Curry chicken with apple

汽锅鸡 yunnan-style steamed chicken

茄汁烩鱼片 stewed fish slices with tomato sauce

青椒牛肉 fried beef with green pepper

清炖牛尾 steamed oxtail in clear soup

清汤蟹肉 Chicken broth with crab meat

清汤越鸡 Stewed Chicken in Clear Soup

清炸猪里脊 dry-fried pork fillet

清蒸全鸡 steamed whole chicken in clear soup

清蒸羊肉 steamed mutton

清蒸猪脑 white steamed pig's brain

软炸里脊 soft-fried fillet

沙丁油鱼 sardines

砂锅鸡 chicken in casserole

砂锅狮子头 meatballs in earthen-pot

砂锅丸子 meat balls en casserole

烧鸡 grilled chicken

生汆牛肉片 poached beef fillet

时蔬炒牛肉 sauteed sliced beef with seasonal greens

涮羊肉 instant-boiled mutton Mongolian hot pot

松鼠鳜鱼 Squirrel-like Mandarin Fish

宋嫂鱼羹 Lady Song's Thick Fish Soup

粟米鱼羹 Garoupa and sweet corns soup

蒜蓉蟠龙虾 Prawns in garlic sauce

糖醋鸡条 sweet and sour chicken cutlets

屯溪腌鲜鳜鱼 Tunxi Pickled Fresh Mandarin Fish

五香鸡 spiced chicken

西湖醋鱼 Braised West Lake Fish with Vinegar

香辣猪扒 Fried chilili pork chops

香酥鸡 savoury and crisp chicken

熏鲱鱼 smoked herring

熏鸡 smoked chicken

熏鲤鱼 smoked carp

油淋鸡 boiling oil scalded chicken

鱼肉冻 fish jelly

鱼香肉丝 Fish-Flavored Shredded Pork

云腿鸡片 stir-fried chicken and ham

云腿芥菜胆 Mustard green with ham

炸鸡卷 fried chicken rolls

炸酿龙虾 Fried stuffed lobsters

樟茶鸭 smoked duck

纸包鸡 chicken wrapped in cellophane

醉鸡 wined chicken

醉鸡 wined chicken

醉糟鸡 Chicken in Rice Wine

附录三 "十九大"热词英译选

中共十九大 the 19th National Congress of the Communist Party of China; the 19th CPC National Congress

中共中央总书记 general secretary of the CPC Central Committee

中共中央委员会 Central Committee of the CPC

中共中央政治局 Political Bureau of the CPC Central Committee

中共中央政治局常务委员会 The Standing Committee of the Political Bureau of the CPC Central Committee

中共中央书记处 Secretariat of the CPC Central Committee

中共中央军事委员会 Military Commission of the CPC Central Committee

中共中央纪律检查委员会 Central Commission for Discipline Inspection of the CPC

中央全面依法治国领导小组 a central leading group for advancing law-based governance in all areas

中国梦 the Chinese Dream

中央八项规定 the eight-point decision on improving Party and government conduct

中华民族伟大复兴 the rejuvenation of the Chinese nation

中华民族共同体 community for the Chinese nation

中国特色现代作战体系 a modern combat system with distinctive Chinese

模因论视阈下的应用翻译研究与实践

characteristics

中国特色社会主义军事制度 distinctive Chinese socialist military institution

中国特色社会主义 socialism with Chinese characteristics

中国特色大国外交 major country diplomacy with Chinese characteristics

自由贸易试验区 free trade zone

自由贸易港 free trade port

自然生态 natural ecosystem

政治建军 enhance the political loyalty of the armed forces

政治纪律 political discipline

政治定力 political orientation

正确义利观 the principle of upholding justice while pursuing shared interests

"照镜子，正衣冠，洗洗澡，治治病" examine ourselves in the mirror, tidy our attire, take a bath, and treat our ailments

长期执政能力 long-term governance capacity

长江经济带 Yangtze Economic Belt

战略思维 strategic perspective

以人民为中心的发展思想 vision of making development people-centered

以经济建设为中心 central task of economic development

依法治军 run the armed forces in accordance with law

依法治国 law-based governance

一国两制 one country, two systems

"一带一路" 五通 the Belt and Road Initiative with policy, infrastructure, trade, financial, and people-to-people connectivity

"一带一路" 国际合作高峰论坛 Belt and Road Forum for International Cooperation

"一带一路" 倡议 the Belt and Road Initiative/the B&R Initiative

亚洲基础设施投资银行 Asian Infrastructure Investment Bank

亚信峰会 Summit of the Conference on Interaction and Confidence Building

· 190 ·

Measures in Asia

亚太经合组织领导人非正式会议 APEC Economic Leaders'Meeting

压倒性态势 the overwhelming momentum

选举单位 electoral unit

雄安新区 Xiongan New Area

新兴产业 emerging industry

新型国际关系 a new form of international relations

新时代中国特色社会主义思想 Thought on Socialism with Chinese Characteristics for a New Era

新时代的长征路 the long match of the new era

新发展理念 new development philosophy

新常态 new normal

校企合作 cooperation between enterprises and colleges

乡村振兴 the rural vitalization strategy

现代化经济体系 modernized economy

悟空号卫星 dark matter probe satellite Wukong

"五位一体"总体布局 the five-sphere integrated plan（promote coordinated economic, political, cultural, social, and ecological advancement）

五大发展理念 a set of five development concepts（innovation, coordination, green development, opening up, and sharing）

污染防治 prevent and control pollution

文化软实力 cultural soft power

网络综合治理体系 a system for integrated internet management

脱贫攻坚战 the battle against poverty

退役军人管理保障机构 an administration for veterans

天眼（500米口径球面射电望远镜）five-hundred-meter aperture spherical telescope（FAST）Tianyan

天宫二号 Tiangong-2 space lab

四项基本原则 the Four Cardinal Principles（keeping to the path of socialism upholding the people's democratic dictatorship, upholding the leadership of the Communist Party of China, and upholding Marxism-Leninism and Mao Zedong Thought）

四个自信 confidence in the path, theory, system, and culture of socialism with Chinese characteristics

四个意识 consciousness of the need to maintain political integrity, think in big-picture terms, follow the leadership core, and keep in alignment

四个伟大 great struggle, great project, great cause, and great dream

"四个全面"战略布局 the four-pronged comprehensive strategy（make comprehensive moves to finish building a moderately prosperous society in all respects, deepen reform, advance law-based governance, and strengthen Party self-governance）

四个"自我" the self-purification, self-perfection, self-renewal and self-progression of Party officials

丝路基金 the Silk Road Fund

丝绸之路经济带 the Silk Road Economic Belt

"双一流" double First-Class（world-class universities and disciplines）

数字经济 the digital economy

实干兴邦 the good solid work that sees our country thrives

"十三五"规划 the 13th Five-Year Plan

十九大代表 delegates to the 19th CPC National Congress

生态文明建设 build an ecological civilization

生态保护红线 redlines for protecting the ecosystems

社会主义现代化中国 a Modern Socialist China

社会主义核心价值观 core socialist values

社会主义初级阶段 the primary stage of socialism

社会治理体 social governance system

社会心理服务体系 the system of public psychological services

三严三实 Three Stricts and Three Earnests（to be strict with oneself in practicing self-cultivation, using power and exercising self-discipline; and to be earnest in one's thinking, work, and behavior）

三去一降一补 efforts to cut overcapacity, reduce excess inventory, deleverage, lower costs, and strengthen areas of weakness

"三农"工作队伍 professional rural service personnel who have a good knowledge of agriculture, love our rural areas, and care about rural people

人类命运共同体 a community with a shared future for mankind

人才强国 develop a quality workforce

群众路线 the mass line

全体会议 the plenary session

全球治理体系变革 the evolution of the global governance system

全球伙伴关系 global partnership

全面小康社会 the moderately prosperous society

全面深化改革 deepen reform in all areas

全面开放新格局 new ground in opening up on all fronts

全面从严治党 full and rigorous governance over the Party

区域协调发展 the coordinated regional development strategy

青春梦想 youthful dreams

亲清新型政商关系 a new type of cordial and clean relationship between government and business

亲诚惠容理念 the principle of amity, sincerity, mutual benefit, and inclusiveness

强军兴军 strengthen and revitalize the armed forces

墨子号量子科学实验卫星 quantum science satellite Mozi

民主法制 democracy and the rule of law

美丽中国 beautiful China

绿色发展 green development

留置 detention

领导核心 leadership core.

两学一做 Two Studies, One Action（to have a solid understanding of the Party Constitution, Party regulations, and related major policy addresses and to meet Party standards）

两免一补 waive tuition and miscellaneous fees, supply free textbooks, and grant living allowances for boarders from financially disadvantaged families

"两规"措施 shuanggui（A form of intraparty disciplinary action that requires a Party member under investigation to cooperate with questioning at a designated place and a designated time）

"两个一百年"奋斗目标 two centenary goals

可持续发展 the sustainable development strategy

科教兴国 invigorate China through science and education

军民融合 military-civilian integration

精准脱贫 targeted poverty alleviation

精准扶贫 targeted poverty reduction

京津冀协同发展 the coordinated development of the Beijing-Tianjin-Hebei region

金砖国家领导人厦门会晤 the BRICS Summit in Xiamen

蛟龙号载人深潜器 deep-sea manned submersible Jiaolong

健康中国 the healthy China

监督执纪"四种形态" four forms of oversight over discipline compliance

获得感 sense of fulfillment

和平共处五项原则 the Five Principles of Peaceful Coexistence（mutual respect for sovereignty and territorial integrity, mutual noninterference in each other's internal affairs, equality and mutual benefit, and peaceful coexistence）

国有自然资源资产 state-owned natural resource asset

国家治理体系和治理能力现代化 modernizing China's system and capacity for governance

国家监察法 a national supervision law

国家安全 national security

关键少数 key few（leading officials）

供给侧结构性改革 supply-side structural reform

工匠精神 craftsmanship spirit

高度自治 a high degree of autonomy

港人治港 the people of Hong Kong governing Hong Kong

港澳台工作 work related to Hong Kong, Macao, and Taiwan

改革强军 strengthen the armed forces through reform and technology

防范化解重大风险 forestall and defuse major risks

反腐败斗争 the anti-corruption campaign

法治思维 think in terms of the rule of law

二十国集团领导人杭州峰会 G20 2016 Summit in Hangzhou

钉钉子精神 the perseverance to hammer away until a task is done

底线思维 think about worst-case scenarios

党章 the Party Constitution

党要管党 the Party exercises effective self-supervision

大气污染防治行动 campaign to prevent and control air pollution

打铁必须自身硬 It takes a good blacksmith to make good steel

"打虎，拍蝇，猎狐" take action to "take out tigers" "swat flies" and "hunt down foxes"

创新型国家 innovative country; innovation oriented country

创新思维 creative thinking

创新驱动发展 the innovation-driven development

产教融合 integration between industry and education

不忘初心 remain true to our original aspiration

辩证思维 a dialectical approach to thinking

澳人治澳 the people of Macao governing Macao

C919 客机 test flight of the airliner C919

21 世纪海上丝绸之路 the 21st-Century Maritime Silk Road

附录四　著名景点名称英译汉译选

白马寺 White Horse Temple

保和殿 the Hall of Preserving Harmony

北海公园 Beihai Park

北京工人体育馆 Beijing Worker's Stadium

避暑山庄 the Imperial Mountain Summer Resort

布达拉宫 Potala Palace

大雁塔 Big Wild Goose Pagoda

大运河 Grand Canal

滇池 Dianchi Lake

都江堰 Dujiang Dam

杜甫草堂 Du Fu Cottage

烽火台 the Beacon Tower

甘露寺 Sweet Dew Temple

革命历史博物馆 the Museum of Revolutionary History

鼓浪屿 Gulangyu Islet

故宫博物院 the Palace Museum

观音阁 Goddess of Mercy Pavilion

归元寺 Guiyuan Buddhist Temple

桂林山水 the Guilin Scenery with Hills and Waters

寒山寺 the Hanshan Temple

华清池 Huaqing Hot Spring

黄果树瀑布 Huangguoshu Falls

黄鹤楼 the Yellow Crane Tower

静心斋 the Heart−Ease Study

劳动人民文化宫 Working People's Cultural Palace

漓江 the Lijiang River

龙门石窟 Longmen Stone Cave

毛泽东故居 Mao Zedong's Former Residence

毛主席纪念堂 Chairman Mao Zedong Memorial Hall

民族文化宫 the Cultural Palace for Nationalities

南湖公园 the South Lake Park

蓬莱水城 Penglai Water City

祈年殿 the Hall of Prayer for Good Harvest

乾清宫 Palace of Heavenly Purity

秦始皇兵马俑 the Qin Terra−Cotta Warriors and Horses

清东陵 Eastern Royal Tombs of the Qing Dynasty

人民大会堂 the Great Hall of the People

少年宫 the Children's Palace

石林 Stone Forest

苏州园林（the）Suzhou Gardens

太和殿 the Hall of Supreme Harmony

天安门广场 Tian'an Men Square

天池 Heaven Pool

天坛 Temple of Heaven

天下第一关 the First Pass under Heaven

午门 the Meridian Gate

武侯祠 the Temple of Marquis

西山晴雪 the Sunny Western Hills after Snow

仙人洞 Fairy Cave

颐和园 the Summer Palace

御花园 Imperial Garden

岳阳楼 the Yueyang Tower

越秀公园 the Yuexiu Park

长城 the Great Wall

昭君墓 Zhaojun's Tomb

中和殿 tlle Hall of Central Harmony

中山公园 the Zhongshan Park

周口店遗址 Zhoukoudian Ancient Site

紫金山天文台 Zijin Hills Observatory

Angkor Wat 吴哥窟

Arch of Triumph 凯旋门

Aswan High Dam 阿斯旺水坝

Ayers Rock 艾尔斯巨石

Big Ben in London 伦敦大本钟

Borobudttr 波罗浮屠

Buckingham Palace 白金汉宫

Cape of Good Hope 好望角

CentralPark 纽约中央公园

Colosseum in Rome 古罗马圆形剧场

Crocodile Farm 北榄鳄鱼湖

Easter Island 复活节岛

Eiffel Tower 艾菲尔铁塔

Elysee Palace 爱丽舍宫

Grand Canyon 大峡谷

Great Barrier Reef 大堡礁

Sydney Opera House 悉尼歌剧院

Hyde Park 海德公园

Kolner Dom 科隆大教堂

Leaning Tower of Pisa 比萨斜塔

London Tower Bridge 伦敦塔桥

Louvre 卢浮宫

Metropolitan Museum of Art 大都会艺术博物馆

Mosque of St. Sophia 圣索非亚教堂

Mount Cook 库克山

Nairobi National Park 内罗毕国家公园

Niagara Falls 尼亚加拉大瀑布

Notre Dame de Paris 巴黎圣母院

Panama Canal 巴拿马大运河

Parthenon 巴台农神庙

PaRaya Beach 芭堤雅海滩

Pyramids 金字塔

Red Square in Moscow 莫斯科红场

Statue of Liberty 自由女神像

Taj Mahal 泰姬陵

WhiteHouse 白宫

Times Square 时代广场

Westminster Abbey 威斯敏斯特大教堂

World Trade Center 世界贸易中心

Yellowstone National Park 黄石国家公园

Yosemite National Park 尤塞米提国家公园

附录五　公示语英译选

爱国主义教育基地 Patriotic Education Base/Center

庵／修道院／寺院 Monastery（Temple）

安全检查 Securiry Check

安全须知 Safety Instruction

按月付款；每月付款 Monthly Payment

安全巡逻区域 Security Patrolled Area

保持园内清洁 Keep Your Parks Clean

报告厅 Auditorium

办公区域 Administration Area/Office Area

半价 50% 0ff/Half Price/50% Discount

本公园规定 Park Restnctions

园内禁止遛狗，禁止喝酒，禁止照相 No Dog. No Alcohol. No Tripods

本展区由于维修或动物需要休息而临时关闭，造成的不便敬请谅解 The Exhibit Is Closed Due to Maintenance or Animal Needs. Sorry for Any Inconvemence

闭园时间 Closed at /Closing Time

便民服务站 Service Center

表演区 Performance Area

表演时间 Showtime

标志牌 Signal/Sign Bozud

博物馆 Museum

布告栏 Bulletin/Notice Board

步行街 Pedestrian Street

不可移动文物 Immovable Hislorical Relic (s)

别让您的烟头留下火患 Dispose of Cigarette Butcs Properly

碑记 Tablet Inscription

步行旅客必须下车 Hikers Get off Here

不得站立，不得把胳膊和腿伸向游乐车外 Remain Seated and Keep Your Anns and Legs Inside the Car at All Times

不适合年龄小于 36 个月的幼童 Not Suitable for Children Under 36 Months

乘坐的儿童必须始终有成人监护 Riders Must Be Supervised by an Adult at All Times

不收费 No Charge

不收门票 / 免费入场 Admission Is Free

采摘区 Fruit–Picking Area

残疾人 Disabled

残疾人服务 Service for Disabled

残疾人客房 Accessible Guestroom

草原 Grassland

茶室 / 茶馆 Tea House

车道 Vehicle Lane

陈列室 Exhibition Room/Display Room

成人（儿童）救生衣（圈）Adult (Child) Life Jacket (Ring)

成人票价 Adult Price

成员价 Memberships

一年无限制入场券仅 115 美元 One Year Unlimited Family Entry Only $

115

参观路线 Tour Route

参观通道 For Visitors Primate's Journey

插入硬币 Inserl Coins